싸우는 미술

아시아·태평양전쟁과 일본미술

Fighting a Total War

Japanese Art in the Asia-Pacific War, 1937~1945

싸우는 미술

아연동북아 총서 _ 23

아시아·태평양전쟁과 일본미술

| 강태웅·김용철·한정선 편저 |

아연출판부
고려대학교 아세아문제연구소

| 차 례 |

아연동북아총서 발간에 부쳐

탈냉전 이후 동아시아의 역동적 발전은 역내의 정치-외교, 경제 질서뿐만 아니라 문화, 사상, 종교 등의 제 영역에서 새로운 변화를 추동하고 있다. 이런 변화는 일국적 차원의 고찰로는 해명될 수 없는 복잡하고도 민감한 초국가적(transnational) 현상을 낳고 있다. 특히 동북아시아는 지리적 인접성, 공통의 역사-문화적 경험, 협력과 공존의 필요성 등으로부터 연유하는 초국가적 사고와 움직임이 활성화되고 있다. 이런 동북아에 대한 이해를 심화, 확대하고 새로운 해석과 전망을 제공하기 위해서는 국가별 연구나 학문 분과의 분절적 연구를 넘어 동북아시아를 분석의 단위로 삼는 다학문적·학제적 연구가 요청된다.

동북아시아 연구가 갖는 실천적 의미는 매우 중요하다. 주지하듯이 동북아시아는 세계의 어느 지역보다도 급속한 변화와 발전상을 보여 주고 있음에도 불구하고, 여전히 근대성의 문제와 냉전의 구도에 얽매여 있는 곳이다. 20세기 전반기의 제국주의 침략과 식민 경험은 오늘에도 국가적·민중적 기억을 지배하고 있다. 냉전의 산물인 남북 분단과 북한의 핵 위협은 동북아시아의 커다란 불안 요소가 되고 있다. 국가 간 역사 및 영토 분쟁 또한 동북아의 평화로운 발전에 장애로 남아 있다. 그러나 우리는 불편한 역사적 경험과 현재의 불안정이 다른 한편으로 동북아시아의 여러 구성 요소들을 상호 긴밀히 연결시키고, 그로부터 문제 해결을 위한 공통의 기반이 마련될 수 있음에 주목한다. 동북아시아는 대립과 갈등의 무대이기도 하지만 평화와 공존의 모색을 위한 토대이기도 하다. 이제 동북아 연구는 동북아가 처한 현실을 객관적으로 진단하고, 평화로운 미래를 건설하는 시대의 요청에 부응하지 않으면 안 된다.

고려대학교 아세아문제연구소(이하 아연)는 대표적인 동북아시아 지역 종합 연구소로서 학제 간 연구를 통한 동북아 지역 연구를 이끌어 왔다. 1957년 설립된 이래 아연은 구한국 외교문서와 공산권 연구 총서 및 동아시아 연구 총서, 중국 연구 총서, 한일 공동 연구 총서, 민주주의 총서 등 연구 성과의 체계적 집성을 통해 학문적 차원에서 현실을 진단하고 바람직한 미래의 방향을 전망하는 대학 연구소의 역할을 충실히 수행해 왔다. 2008년부터는 한국연구재단의 '인문 한국'(HK) 사업 해외지역학 분야의 지원 기관으로 선정되어, '동북아시아의 초국가적 공간: 사상·사회·문화·제도의 교류와 재구성'이라는 연구 어젠다를 중심으로 10년 기간의 대규모 프로젝트를 진행하고 있다. 이제 아연은 지난 50여 년 동안 축적된 연구 경험과 현재 진행 중인 '인문 한국' 사업의 성과, 각종 동북아 지역 연구 지원, 국내외 소장 학자 교류 지원 프로그램 등을 기반으로 해 〈아연동북아총서〉를 발간한다. 이 총서의 성과가 동북아 공동의 문제를 해결하고 조율하며 바람직한 미래를 모색하는 장이 될 수 있기를 기대하면서, 관심 있는 분들의 격려와 질정을 바란다.

아세아문제연구소장 이종화

머리말

아시아·태평양전쟁기(1937~1945) 일본에서는 전쟁 수행을 위한 미술이 대량으로 생산되었다. 전쟁화를 중심으로 한 이 미술은 통상 전쟁미술로 불리지만 그것의 범위와 내용은 간단하지 않다. 군부를 비롯한 당시 일본의 통치권력은 다양한 형태로 미술가들을 동원하였고 대다수의 미술가들 또한 정부의 방침에 부응하는 형태로 전쟁미술의 제작에 참여하였다. 그들이 전쟁미술의 제작에 참여하는 양상은 중일전쟁 초기와 태평양전쟁 발발 이후의 시기가 큰 차이를 보였다.

1935년 제국미술원의 개편으로 시도된 미술계의 거국일치 체제가 1937년 중일전쟁 발발 이후 총력전 체제로 이행한 가운데 당시 미술가들의 현실인식이나 조형관을 반영하는 전쟁미술이 점차 활기를 띠어 갔다. '명분없는 전쟁'으로 인식된 중일전쟁이 장기화되면서 종군화가들이 늘어가고 후방의 상황을 형상화함으로써 전쟁에 협력하려는 예들도 늘어났다. 역사나 종교와 관련된 주제들을 형상화하여 전쟁선전에 참여하려는 시도들도 늘어갔다. 총력전 시기 사회정치적인 상황을 배경으로 나타난 이와 같은 양상은 프로파간다 매체로서 미술이 가진 효용이 사회적으로 공유되고 확인되며 나타난 현상이었다.

1941년 진주만 공습으로 시작된 태평양전쟁은 미술 분야에 새로운 계기를 제공했다. 미술가들은 아시아 해방전쟁이라는 명분에 사로잡혀 적극적인 협력태도를 보였고 '귀축영미(鬼畜英米)'의 구호 아래 적국인 미국과 영국을 비하하는 대중선전에 참여하였다. 종군화가의 증가와 관변단체들이 주도한 대규모 미술전람회의 개최는 이전까지 소극적이던 미술가들의 태도까지 바꿔 놓았다. 강화된 잡지의 통폐합이나 미술재료의 통제로 미술계는 군부를 중심으로 한 전쟁 주도세력에 완전히 장악되었다. 이전부터 수십만이 관람한 대규모 미술전람회는 중요한 대중선전의 장으로 뿌리를 내렸다.

그러나 패전과 함께 찾아온 일본의 전후 상황은 아시아·태평양전쟁 당시 전쟁미술의 양상에 관한 논의 자체를 은폐하거나 터부시하였다. 150여 점의 전쟁화는 전리품으로 규정되어 미국으로 이송되었다. 간간이 미술잡지나 신문에 전쟁화 관련 기사가 실렸지만, 일시적인 화제 제공에 그쳤다. 미술사 분야에서 본격적인 연구가 이루어진 것은 1980년대를 지나면서다. 1990년대 이후 본격적인 전쟁화 연구에 뛰어든 젊은 연구자들이 늘어나고 전쟁화에 관련된 주제나 미술가 개인에 관한 연구, 그리고 전시회가 이루어지며 점차 활기를 띠고 있는 실정이다.

이러한 상황을 지켜보아 온 한국의 연구자들이 중심이 되어 일본의 아시아·태평양전쟁기 전쟁미술에 관한 공동 연구를 계획하였다. 연구의 영역을 전쟁미술과 관련한 담론, 제도적 측면, 미술작품에 관한 연구 등으로 나누어 역할을 분담하고 일본인 연구자들을 초청하여 수차례 세미나를 개최하였다. 이 과정에서 일본의 연구자들과 전쟁미술에 관한 토론의 기회를 가짐으로써 이전까지의 지식과 인식에 대한 새로운 검토의 기회를 가졌고 연구 성과의 완성도를 높였다.

이 책은 그 동안 진행된 공동 연구의 결과물로서 전부 6장으로 구성되어 있다. **제1장 중일전쟁기 일본의 전쟁화**는 중일전쟁기 일본에서 그려진 전쟁화의 유형, 그리고 각 유형에 드러난 내용상의 경향과 조형적 특징을 논하였다. 미술가들 사이에 '명분없는 전쟁'으로 인식된 중일전쟁이었지만, 화가들은 종군하거나 후방에서 전쟁의 상황을 형상화하였고 역사와 종교 속에서 관련 주제를 찾았다. 일본에서 이루어진 연구가 가진 문제점을 지적하며 규명된 중일전쟁기 일본 전쟁화의 양상에는 중일전쟁의 또 다른 일면이 드러나 있다.

제2장 싸우는 미술은 아시아·태평양전쟁기에 전력으로 인식된 미술이 어떻게 새로운 체제로 개편되고 '르네상스'를 맞이했는지를 당시 미술에 대한 사회적 기대를 중심으로 다루었다. 전쟁미술의 한계와 미의 문제까지를 논함으로써 당시 이 주제와 관련된 담론의 주요 내용을 담았다. 전쟁화를 재현의 차원에서가 아니라 국가가 개입된 미의 추구와 연관지어 파악함으로써 기존의 연구 시각을 벗어나 새로운 지평을 제시하였다.

제3장 일본 총력전 시기의 항공미술은 총력전 시기 미술이 가진 선전 매체로서의 기능에 주목하고 항공미술 작품에 드러난 특징을 분석함으로써 전쟁화에 드러난 만들어진 진실 혹은, 가짜 진실을 파헤쳤다. 테크놀로지의 발달과 함께 당시 전쟁에서 중요성을 더해 가던 비행기를 형상화한 장르를 '항공미술'로 구별, 독립시켜 아시아·태평양전쟁기 미술에 관한 새

로운 시각을 제시한 점은 주목해야 할 대목이다.

제4장 전쟁화를 그린 여성화가는 아시아·태평양전쟁 당시 활동한 여성화가 하세가와 하루코(長谷川春子)와 여류미술봉공대(女流美術奉公隊)를 페미니즘 시각에서 조명하였다. 전쟁미술에 개입된 젠더적 입장을 규명한 연구 역시 초기 단계에 있는 사실을 고려하면 이 책의 선진적인 면모를 드러내고 내용적인 면에서 충실도를 제고시켜준 글이다.

제5장 전쟁과 일본조각 1937~1945는 아시아·태평양전쟁기 조각 분야에서 이루어진 논의와 제작된 작품들을 다루었다. 전쟁미술에 관한 연구가 전쟁화를 중심으로 전개되어온 만큼 같은 시기 조각 분야의 사정을 다룬 이 글이 가진 의의는 크다.

제6장 에필로그 : 아시아·태평양전쟁기 일본 전쟁화의 전후 행방은 일본의 패전 후 전쟁화의 행방을 다룬 글이다. 종전 직후 전리품으로 분류되는 등 우여곡절을 거친 전쟁화는 미국으로 이송된 후 방치되다시피 했다가 1970년 미일수교 120주년을 기념하여 영구대여 형식으로 일본에 반환되었다. 전쟁화의 전후 행방을 다룬 이 글을 통해 아시아·태평양전쟁기 일본 전쟁화에 관한 이해는 비로소 일단의 완성을 기대할 수 있을 것이다.

이상의 내용으로 구성된 이 책은 국내 최초로 발간된 일본 전쟁미술에 대한 연구서다. 최초라는 것은 그만큼 앞으로 파헤쳐 나가야 할 과제가 산적해 있음을 의미할 터이다. 이 책에서 다루지 못한 작가와 작품 또한 허다하나. 그리고 당시 조선 미술계와의 비교연구가 절실한 것도 두말할 필요가 없다. 시야를 넓혀 대만, 중국, 동남아 등에서 제작된 전쟁미술과도 연결시켜 연구될 수 있을 것이고, 더 나아가 서구의 전쟁미술과도 비교될 수 있다. 이처럼 거대한 연구의 시작에 이 책이 자그마한 디딤돌 역할을 한다면, 저자들로서는 더할 나위 없는 기쁨이 될 것이다.

끝으로 이 책이 나오기까지 힘써 주신 이들을 거론하고 싶다. 한국에 와서 발표를 하고 논문 게재를 허락해 준 기타하라 메구미 교수, 다나카 슈지 교수, 그리고 연구의 지적 자극을 제공한 가와타 아키히사 교수, 세미나 준비 등 물심양면으로 힘써 준 박삼헌 교수에게 고마움을 전한다. 이러한 연구가 세상 빛을 볼 수 있게 지원해준 고려대학교 아세아문제연구소 및 아연출판부 여러분들에게도 깊이 감사드린다.

2015년 8월

책임편집자 강태웅·김용철·한정선

1장

중일전쟁기 일본의 전쟁화

김용철

1. '명분없는 전쟁'과 부진한 전쟁화 연구

1937년 7월 7일 노구교 사건으로 시작된 중일전쟁은 일본의 입장에서 '명분없는 전쟁'이나 '군부의 독주가 불러온 전쟁' 등으로 간단히 규정되지만, 실제로는 훨씬 복잡다기한 측면을 갖고 있다. 복잡한 중일전쟁의 성격만큼이나 중일전쟁기에 그려진 전쟁화 역시 많고 다양하다. 전투장면이나 군부대의 이동장면은 물론이고, 점령지 풍경이나 인물을 다룬 그림, 역사화, 그리고 불교적인 주제를 다룬 그림까지, 그 모든 예가 전쟁 상황을 배경으로 하여 선전 선동을 위해 그려진 전쟁화였다.

그러나 중일전쟁기 일본의 전쟁화를 포함한 근대 일본의 전쟁화에 대한 논의는 그 자체가 오랫동안 금기시되었던 탓에 지난 수십 년 동안 그것에 관한 연구는 활발하게 진행되지 못하였다. 미술잡지를 통하여 단편적으

로 논의되던 근대 일본의 전쟁화에 관한 본격적인 연구는 다나카 히사오(田中日佐夫)의 선구적인 연구서인 『일본의 전쟁화 그 계보와 특질(日本の戰爭畫 その系譜と特質)』에 의해 시작되어 1990년대 이후 조금씩 진전되어 가고 있는 실정이다.[1] 제국미술원(帝國美術院) 전람회 즉, 제전(帝展)의 개편으로 개편으로 시작된 중일전쟁기 전쟁화의 제작 배경에서부터 전쟁 초기 '성전미술(聖戰美術)'로 이행해 가는 과정과, 전쟁 발발 이후 제작된 초기 전쟁화의 완성도가 낮았던 이유, '성전미술'의 번성기에 이르기까지의 내용을 당시의 신문이나 잡지 기사 등을 인용하며 서술함으로써 중일전쟁기 전쟁화 제작의 실상에 한 걸음 다가가는 성과를 보였다.

1990년대 이후 전쟁화 연구를 적극적으로 진행해 온 당오 야스노리(丹尾安典), 가와타 아키히사(河田明久)는 중일전쟁기 전쟁화의 특징을 다음 세 가지로 요약하고 그 원인의 규명을 시도하였다.[2] 그 특징에서는 첫째, 적병 즉, 중국군 병사의 모습이 그려지지 않았다는 점을 지적하고, 둘째는 일본군 병사의 뒷모습이 주로 묘사되었다는 점을 들었다. 세 번째 특징으로 든 것이 전사한 시체가 없고 피 흘리는 장면이 적다는 점이다. 그리고 그 이유를 각각 다음과 같이 제시했다. 첫 번째 특징인 중국군 병사의 모습이 그려지지 않은 것은 중일전쟁에 대해 화가들이 느낀 현실감이 부족한 증거로 파악했다. 두 번째 특징으로 든 일본군의 뒷모습 묘사는 전쟁의 사실적 재현이라기보다는 병사가 아닌 화가들이 거짓으로 연출한 화면을 제시하지 않으려 한 결과라는 것이다. 그리고 세 번째 특징에 대해서는 19세기 프랑스의 화가 들라크루아의 〈민중을 이끄는 자유의 여신〉과 같은 서양의 대화면 회화작품과 비교하면서 가치 있는 이념의 수반 여부를 양자 사이의 차이로 들었다. 즉, 당시 일본의 전쟁화에서 시체가 그려지지 않고, 피 흘리는 병사가 적은 것은 '명분없는 중일전쟁'의 결과로서 일본군 병사가 실천해야 할 이념의 부재에서 기인하였다는 것이다.

이처럼 중일전쟁기 일본의 전쟁화에 대한 일본 학계의 연구가 '전쟁 목적이 애매한 총력전'이라는 중일전쟁의 성격을 연관 지어 파악하는 것은 하나의 경향을 이루고 있다. 그러나 이러한 일본 학계의 연구 경향은 몇 가지 문제점을 안고 있다. 첫째, 중일전쟁기 전쟁화의 특징을 위에서 언급한 몇 가지로 단순화시키고 그 특징으로만 수렴시키는 한계를 드러내고 있다. 이는 당시에 그려진 많은 전쟁화에 나타난 또 다른 유형들과 그 의미를 찾으려는 시도를 차단시킬 위험을 안고 있다. 왜냐하면 일본군 병사의 정면에서 포착한 전투장면을 비롯한 다양한 전쟁화가 엄연히 존재하고, 일본군 병사의 뒷모습을 묘사한 전투장면에 대해서도 적극적인 해석이 필요하기 때문이다.[3] 둘째, 중일전쟁 초기 일본에서 이루어진 전쟁화에 대한 비판이 서양의 역사화에서 볼 수 있는 전쟁 장면의 묘사에 바탕을 두고 있었다는 점이다. 당시 미술평론에도 관여했던 고지마 기쿠오(兒島喜久雄)는 19세기 프랑스의 들라크루아나 메소니에 등의 전쟁화에서 보는 전투장면의 묘사를 의식하며 '피투성이 전투장면'의 부재를 비판하였다. 1990년대 이후 일본의 전쟁화 연구에서도 이와 같은 견해를 계승하고 태평양전쟁 당시 후지타 쓰구하루(藤田嗣治)가 그린 〈앗투섬 옥쇄〉(1944년)와 같이 피비린내 나는 전쟁화를 기준으로 하여 중일전쟁 발발 초기 전쟁화를 재단한 것이다. 물론 이러한 문제점과 함께 중일전쟁기 전쟁화 분석이 '명분없는 전쟁'으로서의 중일전쟁의 성격규정에 바탕을 둔 점을 상기하면, 중일전쟁의 성격에 관한 기존 논의 역시도 비판적으로 고찰하며 분석할 필요가 있다. 따라서 이 글에서는 이러한 기존 연구동향에 대한 비판적 고찰을 염두에 두고 당시 전쟁화를 재검토해 보고자 한다.

2. 전쟁화 제작 배경

기존의 연구에서 중일전쟁기 전쟁화의 제작 배경은 1935년 제국미술원 개편을 통해 이전까지 재야 미술가단체에서 활동하던 미술가들을 제도권에 편입시킴으로써 미술계의 거국일치를 이루었기 때문이다.[4] 그러나 미술계의 거국일치는 좀 더 거슬러 올라간 시기에 만주국에서 열린 전시회에서 찾을 수 있다. 1934년 9월에 만주국 황제 푸이(溥儀)의 즉위를 기념하여 열린 만일연합미술전람회(滿日聯合美術展覽會)에는 요코야마 다이칸(橫山大觀)을 비롯하여 마에다 세이손(前田青邨), 고바야시 고케이(小林古徑) 등 다수의 재야화가와 고무로 스이운(小室翠雲)과 같은 제도권 화가들이 만주지역의 화가들과 함께 참여하였다. 즉 만주국 건국 이후 일본과 만주국 사이의 미술 교류에서 시작된 사전 정지작업이 있었고, 이것이 토대가 되어 미술계의 통합에 이르렀던 것이다.[5]

1935년에 이루어진 제국미술원의 개편은 재야단체 일본미술원(日本美術院)이나 이과회(二科會) 소속이던 일본화가 요코야마 다이칸, 서양화가 야스이 소타로(安井曾太郎), 우메하라 류자부로(梅原龍三郎) 등을 문부대신의 자문기구이자 미술계의 권력기구였던 제국미술원 회원으로 영입함으로써 시국에 대처하는 미술계의 신체제를 구성하게 되었다.[6] 미술계 전반의 강력한 반발에 부딪힌 문부성은 1937년 6월 제국미술원을 확대, 개편하여 문학과 예능 분야를 포함한 제국예술원을 출범시켜 사태를 일단락 지었다. 1개월 뒤 중일전쟁 발발 이후 미술계의 대응도 그 연장선상에 있었던 것이다.

중일전쟁 발발 직후 일본 정부는 내각정보부를 설치하고, 그래픽 디자이너로 구성된 보도미술협회 등의 관변단체를 통하여 대중을 상대로 한 조직적인 선전을 전개하였다.[7] 또한 문부성이나 군부가 직접 미술가, 미술평론가 등과 좌담회를 개최함으로써 정부 당국의 입장을 전달하고자 하였다.[8] 특히 사상전에 대한 논의가 활발하게 전개되면서, 전쟁화의 제작도 점차 사상전의 일부로 인식하고, 화가를 사상전의 전사로 규정한 예도 눈에 띈다. 예를 들면 미술평론가 아라키 타니오(荒城季夫)가 "현대의 전쟁은 경제, 정치, 외교의 그것과 함께 사상의 그것이다"라고 하며 사상전의 중요성을 환기시키고 전쟁화에서 사상성의 빈곤을 치명적인 결함으로 지적한 예나 당시 육군 소좌였던 스즈키 고조(鈴木庫三)가 미술이 사상전의 장면을 떠맡아야 한다고 주장한 예 등은 사상전의 일부로서 전쟁화를 통한 선전을 독려한 사례들이다.[9] 하지만, 실제로 중일전쟁기에 화가들이 그들의 기대에 부응할 만큼 적극적이었던 예는 많지 않다. 이는 군사기밀의 누설 방지나 비참한 광경을 묘사함으로써 일반인의 반전의식을 자극하는 일이 없도록 군부가 통제한 사실도 고려해야겠지만, 그래픽디자이너들이 선전포스터를 제작하거나 팸플릿을 제작하여 선전작업에 적극적으로 나섰던 사실과는 대조를 이루는 대목이다.

그러나 종군화가의 출현 등 적극적으로 전쟁화 제작을 시도한 화가가 전혀 없었던 것은 아니다. 이미 1937년 9월에 도도로키 미요시(等々力巳吉)가 육군을 따라 중국 북부전선에서 활동하고 있었고, 고바야카와 도쿠시로(小早川篤四郎), 요시하라 요시히코(吉原義彦) 등은 해군 종군화가로서 상해전선에 종군하는 등 중일전쟁 초기부터 적지 않은 화가들이 전장으로 향하였다.[10] 쓰루타 고로(鶴田吾郎)의 예에서 볼 수 있는 바와 같이 당시로서는 아직 군부의 종군 지원제도가 정비되어 있지 않아 그들은 갖가지 불편과 몰이해를 감수해야 했다. 1937년 11월 종군을 시도하려고 육군성 정보부에 문의한 그는 군부의 지원에 의한 종군은 편법으로 인식되어 허용되지 않음을 확인하고, 신문사 통신원 자격으로 종군하였다.[11] 이에 군부가 편의를 제공하여 북지(北支) 사령부의 도장을 받은 '종군화가' 완장을 차고 북경, 봉천 일대에서 스케치한 야전병원, 부상병의 모습 등을 귀국한 다음인 1938년 봄 태평양화회 전람회에 출품하였다. 이처럼 개인 자격으로만 종군이 허락되던 시기였던 만큼 화가들의 고생도 적지 않았던 시기였고, 해군에서 종군화가로 종군한 이와쿠라 도모카타(岩倉具方)와 같이 시가전에 휘말려 목숨을 잃는 예까지 발생하였다.[12]

1938년 4월에는 무카이 쥰키치(向井潤吉) 등이 대일본육군종군화가협회(大日本從軍畵家協會)를 결성하여 중국전선 종군을 통해 그려진 스케치 등으로 순회전시회를 개최하는 등 종군화가의 조직적인 움직임의 시발점이 되었다.[13] 이듬해 4월 육군미술협회(陸軍美術協會)로 해소, 발전된 이 단체에는 나카무라 겐이치(中村研一), 후지시마 다케지(藤島武二) 등 당시의 유력 서양화가들이 참여하였다. 이후 1938년 5월 상해에 주둔 중이던 중지나 파견군(中支那派遣軍) 보도부가 후대에 남기기 위한 전쟁화의 제작을 고이소 료헤이(小磯良平), 나카무라 겐이치 등에게 의뢰함으로써 종군기록화 제작의 상황에 변화를 가져왔다. 같은 해 9월에는 해군이 후지시마 다케지, 이시이 하쿠테이(石井栢亭), 후지타 쓰구하루 등에게 종군기록화 제작을 의뢰하였다. 그해 10월 무한(武漢) 삼진을 점령할 무렵을 전후하여 급격히 늘어난 종군화가는 1939년 4월에는 200명을 돌파할 정도였다.[14] 장기전에 돌입한 중일전쟁의 상황에서 군부의 주도로 경색되어 간 시국에 대한 다수 화가들의 대처방식은 종군이었던 것이다.

중일전쟁 발발 이후 미술계의 변화 가운데 가장 두드러진 현상은 관변단체의 미술전람회가 늘어난 점이다. 종군화가들이 그린 종군기록화를 비롯하여 다양한 과정을 통해 제작된 전쟁화는 관변단체가 개최한 전람회를 통해서 대중에게 수용되었다. 1939년 7월과 1941년 7월 두 차례에 걸쳐 육군미술협회와 아사히신문사(朝日新聞社)가 개최한 성전미술전람회(聖戰美術展覽會)를 비롯하여 각종 관변단체가 주최한 미술전람회가 자주 개최되었다.[15] 그 과정에서 중일전쟁을 성전으로 미화하고 그와 관련한 선전, 선동을 위해 열린 성전미술전람회의 경우는 1941년 12월 8일 태평양전쟁의 발발 이후에는 더 이상 열리지 않게 되고, 대동아전쟁미술전람회(大東亞戰爭美術展覽會), 결전미술전람회(決戰美術展覽會) 등 태평양전쟁에 초점을 맞춘 미술전람회가 열리게 되었다. 그리고 그와 같은 대규모 전시회는 도쿄에서 개최된 다음 교토(京都), 니가타(新潟), 규슈(九州) 등 지방뿐만 아니라, 만주국에서도 개최됨으로써 일본 전역과 식민지에서 전쟁선전의 장으로 기능하였다.[16]

관변단체에 의한 전람회가 급증하는 현상과는 대조적으로 기존의 미술평론계 미술잡지의 통폐합이 가속화되었다. 중일전쟁의 장기화에 따른 전시 통제체제의 강화 속에서 내무성 정보국은 미술계의 정보유통에 통제의 손길을 뻗쳐 1941년 7월 1차 미술잡지 통폐합을 단행하였다.[17] 이 조치를 통해 당시 38종이던 미술잡지는 전부 폐간되고 새로 8종이 창간되었다. 『신미술(新美術)』, 『국화(國畵)』 등 새로 창간된 잡지는 1943년 10월 2차 잡지 통폐합으로 폐간되었고 1944년 1월에 창간된 두 잡지 『미술(美術)』과 『제작(制作)』이 종전될 때까지 발행되었다.

3. 중일전쟁기 일본 전쟁화의 유형

1) 상상화로서의 전쟁화

중일전쟁기에 그려진 일본의 전쟁화 유형은 시기별로 재구성해 볼 수

그림 1-1 | 아사이 간우에몽 〈통주(通州)의 구원〉, 1937년

있다. 그려진 내용이나 조형표현, 시기 등을 고려하면 가장 이른 시기에 등장한 부류는 상상화에 가깝다. 그 시기 일본 전쟁화의 첫 번째 예로 알려진 아사이 간우에몽(朝井閑右衛門)의 〈통주(通州)의 구원〉(1937년, 그림 1-1)은 대표적인 예다. 1937년 제1회 신문전에 출품된 이 그림은 중국 통주에서 벌어진 중국군의 만행을 고발하기 위해 그려진 것이다. 그림 속에는 어린 아이를 안고 의자에 앉아 있는 여성을 중심으로 하여 부상당한 일본군 병사, 그리고 중국군 병사들과 도망치는 젊은 여성 등이 화면 가득 그려져 있다.

인물들의 배치나 화면의 내용에서 통일성이 결여된 혼란한 구성을 보여 주는 이 그림에는 당시 전쟁화 제작에 임하는 화가들의 태도를 보여 주는 중요한 단서가 들어 있다. 즉, 신문보도를 통해 접한 정보를 바탕으로

하여 중국군이 일본의 민간인을 학대하는 장면을 통해 중국인의 비인도적인 성향을 고발하고 그들을 도덕적으로 낙인찍으려 한 것이 궁극적인 의도였던 것이다. 성모자상과 같은 서양회화의 오랜 도상이나 피카소의 회화작품에 등장하는 여성의 모습 등을 차용하여 이루어진 이와 같은 상상화 부류의 전쟁화는 이후에도 큰 비중을 차지하였다.

상상화 수준을 넘어서서 중국 현지에서 벌어진 전투를 형상화한 전쟁화에서 먼저 눈에 띄는 예가 중국의 지역성을 강조한 경우들이다. 광활한 대지에서 벌어지는 전투장면을 묘사한 이들 유형의 그림에는 고이소 료헤이의 〈남경중화문공격(南京中和門攻擊)〉(그림 1-2)과 같은 예들이 속한다. 〈남경중화문공격〉은 클로즈업된 근경에서부터 원경에 이르기까지 최대한의 거리를 표현한 경우로 1939년에 열린 제1회 성전미술전람회에 출품되었다. 마찬가지의 구도는 노구교 사건을 형상화한 다무라 고노스케(田村孝之助)의 〈노구교(腕平縣城攻擊圖)〉 등에서도 볼 수 있어서 중일전쟁 초기에 하나의 패턴을 이룬 것을 알 수 있다. 중일전쟁 말기까지 이어진 이와 같은 패턴을 구사한 후기의 예로 오가와라 슈(小川原修)의 〈성도폭격(成都爆擊)〉이 있다. 오가와라는 이 그림에서 일본군 전투기의 공중폭격이 이루어지는 광경을 묘사하면서 전투기의 높이에 화가의 시선을 맞춤으로써 지면에 보이는 평야의 스케일을 강조하였다.

이처럼 중국의 지역성을 강조한 그림에는 전투장면은 아니지만, 부대의 이동장면을 다룬 경우들도 적지 않다. 패루를 비롯하여 퇴락한 건물 등 중국 특유의 모티프를 통해 지역성을 나타내고, 전투를 마친 부대원들과 개선하는 사령관 일행을 다룬 가노코기 다케시로(鹿子木猛郎)의 〈남경입성(南京入城)〉(1940년, 그림 1-3)이나 고이소 료헤이의 〈낭자관을 간다(娘子關を行く)〉도 마찬가지 부류의 그림이다. 특히 늪에 빠진 말을 빼내려 애쓰는

그림 1-2 | 고이소 료헤이 〈남경중화문공격(南京中和門攻擊)〉, 1939년

장면을 그린 예나 대포를 실은 수레를 운반하기 위해 안간힘을 쓰고 있는 경우 등은 중국의 풍토나 기후로 인해 고전하는 일본군의 모습을 그린 것들이다.[18]

그림 1-3 | 가노코기 다케시로 〈남경입성(南京入城)〉, 1940년

이미 지적된 바와 같이 이 시기의 전쟁화에는 전투장면을 다룬 그림에서 일본군 병사들의 뒷모습, 혹은 옆모습을 묘사하는 것은 하나의 경향이었다. 하지만, 그 경향에 반영되어 있는 의도는 결코 가볍게 볼 수 없다. 오히려 뒷모습의 묘사는 작가가 다른 병사와 함께 전투에 직접 참여한 듯한 생생한 현장감을 부여하기도 한다. 그들을 후원함으로써 심리적인 일체감을 표현하려는 의도 또한 마찬가지의 표현에 개입되었다. 따라서 병사들의 뒷모습을 묘사한 전투장면의 경우는 보다 적극적인 의미를 부여할 필요가 있다. 실제로 다카사와 게이이치(高澤圭一)는 돌격하는 병사들의 뒷모습을 다룬 〈돌격로〉(1939년, 그림 1-4)의 제작 당시에 밝힌 화가의 소감에서 그런 의도를 밝힌 바 있다. 서주(徐州)를 공략할 당시 몽성(蒙城)의 전투장면을 묘사한 이 그림에서 그가 의도한 것은 총검을 들고 사지로 돌진하는 장렬한 장면을 통해 제시된 새로운 로맨티시즘이었다.[19]

물론, 종군한 화가들의 그림 가운데에도 실제 장면과는 거리가 먼 전쟁화의 예가 없는 것은 아니다. 많은 경우 전투광경을 직접 목격한 것이 아니라, 전투가 끝난 뒤 현장을 견학하고 전투장면을 재현하였기 때문이다. 예

그림 1-4 | 다카사와 게이이치 〈돌격로〉, 1939년

를 들면 후지타 쓰구하루의 〈남창(南昌)공격도〉(1938년, 그림 1-5)는 중국전선에 종군하였던 그가 그린 전투장면이지만, 실제 전투의 리얼리티에는 접근하지 못하고 전투장면을 설명하듯 묘사하였다. 막 착륙한 전투기에 탄 채 기총을 겨누고 있는 일본군 병사와 지상에서 격추되어 불타는 중국 전투기를 향해 권총을 겨누고 있는 또 다른 병사가 등장하는 이 그림은 당시 전쟁화 제작에 손을 대기 시작한 그의 태도를 말해 준다. 병사들의 배경에는 폭격으로 지붕의 철골이 앙상하게 드러나 있는 비행기 격납고 위로 이미 타격을 입어 검은 연기를 뿜으며 날아가는 중국군 전투기, 급선회하는 일본군 전투기 등이 화면 가득 그려져 있다. 하지만, 전투와 관련된 많은

그림 1-5 | 후지타 쓰구하루 〈남창공격도〉, 1938년

정보를 그림으로 나타내기 위한 시도일 뿐 통일성을 갖춘 회화로 재구성하지 못한 채 나열하였다. 또한 가와바타 류시(川端龍子)의 〈향로봉(香爐峰)〉(1939년, 그림 1-6)의 경우처럼 안휘성 황산의 향로봉 상공을 지나는 일본군 전투기의 동체를 투명하게 그린 예도 있다. 탑을 포함하여 향로봉의 경치에 비중을 둔 결과로 보이지만, 실제로는 존재할 수 없는 대상의 묘사가 이루어진 것이다.

2) 점령지 형상화

종군화가들이 그린 전쟁화 가운데 기존의 논의에서 누락된 유형으로 중국 현지의 풍경과 중국인의 모습을 다룬 작품들이 있다. 그 가운데 특히 주목해야 할 것은 중국인의 모습이다. 남녀노소의 중국인을 묘사하는 방식 자체가 화가들이 가진 중국인에 대한 인식을 드러내고 있기 때문이다. 또한 중국인을 어떠한 모습으로 그렸는가는 중일전쟁의 여러 상황에서 일본이 의도한 바를 반영하고 있기도 하다.

그림 1-6 | 가와바타 류시 〈향로봉〉, 1939년

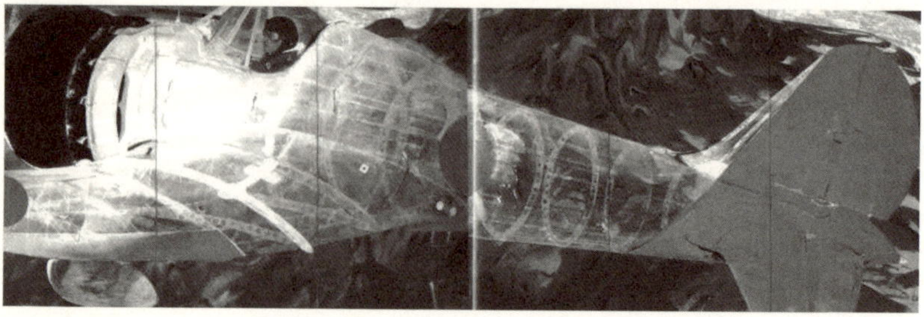

중일전쟁 발발 초기부터 저질러진 일본의 무자비한 살육과 방화, 약탈, 강간 등의 잔학행위가 중국인의 맹렬한 반발은 말할 것도 없고 국제 여론의 지탄을 받았다. 그러나 일본의 전쟁화에서 그 내용을 찾는 것은 불가능하다. 종군화가들만이 그 참상을 목격할 수 있는 광경인 탓에 스케치나 완성된 회화작품으로 남아 있을 가능성이 처음부터 매우 낮았다. 설령 작품에 담았다고 하더라도 전시회를 통하여 알려지고 자료로 남아 있을 가능성은 더욱 희박하다. 그러나 점령지 광경을 형상화한 그림들은 우회적으로나마 당시의 상황을 드러내준다.[20]

중일전쟁 당시 일본화가들에 의해 그려진 중국 현지인의 모습이 풍경의 일부로서가 아니라 인물을 중심으로 한 그림에 등장할 경우, 그 성별이나 연령에 따라 다르게 살펴보아야 한다. 먼저 중국인 여성이 등장하는 그림이다. 아리시마 이쿠마(有島生馬)의 〈강남의 봄 - 일지친선(日支親善)〉(1938년, 그림 1-7)은 일견 일본 군인과 중국인 여성이 등장하는 평화로운 한 장면으로 보이지만, 이는 조작된 장면일 뿐만 아니라, 그림 안팎의 시선에 대해 젠더적인 관점에서 고찰해 보아야 할 경우다. 1935년 제국미술원 회

그림 1-7 | 아리시마 이쿠마 〈강남의 봄 - 일지친선(日支親善)〉, 1938년

원이 된 이후 오랜 재야단체 활동을 청산하고 1936년 관변단체인 일수회(一水會)를 결성한 아리시마 이쿠마의 이 그림은 1938년 제2회 일수회전에 출품되었다.[21] 치파오(旗袍)를 입은 두 명의 여성은 야트막한 담벼락에 걸터앉거나 새장을 든 채 말을 탄 일본 군인과 화기애애한 분위기를 연출하

고 있다. 하지만, 싱그러운 봄기운이 넘치는 점령지의 한가로운 분위기와는 달리 실제로 1938년 봄 중국 강남지역에는 치안이 불안한 상황이 이어지고 있었다. 1937년 11월과 12월에 걸쳐 상해를 비롯하여 소주, 항주, 무석 등 일본의 상해 파견군이 점령한 강남지역 일대는 중국의 항일 중심지역으로 점령 후 수일 안에 선무반(宣撫班)이 도착하고 활동을 전개하였다.[22] 남만주철도회사(南滿洲鐵道會社) 직원 및 만주국 관리 출신으로 이루어진 선무반에게는 60% 이상에 달하는 피난민의 귀환과 일본군에 대한 현지인들의 신뢰 및 의존, 새로 수립된 친일 괴뢰정부인 왕조명(汪兆銘) 정부 귀속 등이 목표였다. 특히 중지나(中支那)파견군 특무부에 의해 1938년 초 진강(鎭江) 자치위원회의 위원장으로 추대된 친일 인사 유조경(柳肇慶)조차도 취임하자마자 일본군에 요구한 11개조 가운데 첫 번째 사항이 간음약탈(姦淫掠奪) 금지였음은 당시 일본군의 잔학행위로 인해 극도로 불안했던 강남의 치안 상황을 말해 준다.[23] 화가 아리시마 이쿠마가 종군하지 않은 사실을 고려하면 이 그림에는 허구의 장면을 통한 선전의 의도가 개입되어 있음이 명백하다.

실제와는 다른 장면을 보여 주는 〈강남의 봄 - 일지친선〉에 개입되어 있는 또 하나의 문제는 젠더의 시각이다. 말을 타고 있는 점령군의 장교와 현지 여성의 친밀한 모습은 꾸냥(姑娘)으로 불린 중국인 위안부 여성의 존재를 암시한다. 이는 노골적으로 드러내지는 않았지만, 화가의 시선에서 비롯된 은근한 관능의 시선과 오버랩되며 같은 시기에 그려진 다른 점령지 풍경에도 드러나 있다. 예를 들면 하세가와 요이치의 〈자금성〉에서 화면 근경에 클로즈업시킨 젊은 여성의 뒷모습을 바라보는 화가의 시선도 그러하지만, 소주(蘇州) 사자림(獅子林)을 소재로 한 〈소주 사자림(蘇州 獅子林)〉을 그린 고아이 호이치로(小會保一郞)가 자신의 작품에 대해 "중국 가인(支

那の佳人)의 요염한 버들허리가 호반에 흔들리고 있는 한 폭의 시"로 묘사한 예에서도 마찬가지의 시선을 볼 수 있다.[24]

중국 현지인 가운데 젊은 여성 못지않게 자주 등장하는 소재가 어린이다. 일본군의 보호를 받는 어린이를 통해 일본군이 보호자라는 이미지를 부각시킨 경우는 말할 것도 없고, 손을 잡거나 목말을 태워 주며 같이 놀아 주는 경우, 일본어를 가르쳐 주는 경우 등 일본군은 친근한 시혜자로 묘사되었다. 어린이들만 등장한 경우도 벽에다 일장기를 그리며 놀고 있는 장면을 통해 어린이를 일본에 우호적인 존재로 부각시키고, 작품의 제목에서도 〈동심(子供心)〉(1939년, 그림 1-8)으로 붙여 그들의 순수한 마음이 지지하는 일본의 침략이 정당하다는 메시지를 담고 있다.

어린이와 마찬가지로 노인도 일장기를 들고 있는 모습으로 묘사되어, 소위 '일지친선(日支親善)'을 실천하고 장개석 정권을 물리침으로써 찾아온 평화를 구가하는 존재로 부각되거나(1939년, 그림 1-9) 일본 군인으로부터 식량을 얻고 있는 모습 등을 통해 일본군이 시혜자임을 부각시키는 조연의 위치에 있었음을 알 수 있다. 당시 화가들이 남긴 기록에서도 확인할 수 있는 이와 같은 광경은 대동아공영권 이데올로기를 바탕에 두고 '일지친선'의 슬로건을 내걸었던 일본의 침략을 합리화하기 위한 것이었다.[25]

한편 중국인 성인 남성의 모습은 일본이나 일본에 대해 우호적인 젊은 여성이나 노인, 어린이의 모습과는 대조를 보인다. 일본군 점령지와 국민당 통치지역의 경계에서 활동하는 수상한 쿠리(苦力)로 묘사된 경우, 다양한 자세로 서 있거나 앉아 있는 등 모습의 다양성에 비하면 그 표정과 차림새는 어디에도 개성이 없고 무감각한 집단(1939년, 그림 1-10)으로 묘사된 경우, 혹은 부상당한 포로들로 묘사되어 있다. 국민당군을 묘사한 경우에는 패퇴하는 국민당 군대가 민간인 여성을 납치하는 장면을 묘사한 예에서

그림 1-8 | 다구치 쇼고 〈동심(子供心)〉, 1939년

볼 수 있듯이 국민당군을 조롱하고 비하하려는 태도가 반영되어 있다. 일본의 침략에 대해 순응적인 태도를 보인 사람들과 그렇지 않은 사람들을 확연히 구별하여 묘사한 것이다.

그림 1-9 | 니쥬사쿠 다스오 〈어린이와 군인〉, 1939년

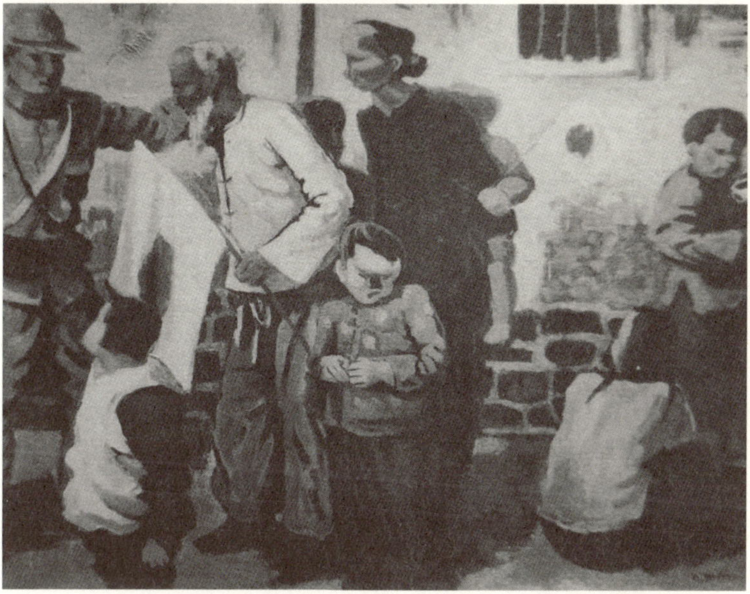

중일전쟁기 일본의 점령지 가운데 북경의 풍경을 수년에 걸쳐 형상화한 화가로 주목해야 할 경우가 우메하라 류자부로다. 1935년 제국미술원 개편으로 제국미술원 회원이 됨으로써 오랜 재야화가 위치를 벗어나 일본 미술계의 권력자의 반열에 든 그는, 1939년 만주국미술전람회(滿洲國美術展覽會) 심사에 참여하고 귀국하는 길에 북경에 들러 자금성 일대를 묘사하였다. 자금성 일대를 그린 풍경화에 대해 "건축의 커다란 덩어리, 매스의 아름다움과 색채의 화려한 아름다움은 완전히 달리 유(類)를 찾을 수 없는 것이었다"고 밝힌 바 있다.[26] 1942년의 〈북경의 가을하늘〉(그림 1-11)은 당시 묵었던 북경반점에서 자금성 일대를 바라본 광경을 묘사한 것이다. 해

그림 1-10 | 스기모토 세이이치 〈쿠리(苦力) 모이다〉, 1939년

가 지기 직전 햇빛이 약해져 가는 시간에 높게 열린 하늘과 구름이 풀어지는 광경을 소재로 하여, 그가 일찍이 사사한 바 있는 르누아르의 부드러운 터치를 구사하여 형상화하였다. "음악을 듣고 있는 것 같은 하늘이었다"고 밝히고 있듯이 그에게 시적인 상상력을 자극하였던 이 장면에서 간과하지 말아야 할 것은 수백 년 동안 중국의 역사 속에서 권력의 심장부였던 자금성 일대를 바라보는 제국주의 화가의 쾌감이다. 1943년까지 4년 동안 계

그림 1-11 | 우메하라 류자부로 〈북경의 가을하늘〉, 1942년

속된 그의 북경 방문은 매번 수개월에 걸쳐 같은 방에 체류하며 작품을 제작하였고, 1940년에 열린 '기원 이천육백년 봉축 미술전람회(紀元二千六百年紀念美術展覽會)'에는 북경 체류를 통해 제작한 〈자금성〉을 출품하였다.

3) 전쟁화로서의 역사화 및 종교화

역사 속의 사건을 소재로 다룬 역사화 역시 전쟁화의 중요한 장르였다. 이소다 죠슈(礒田長秋)의 〈적선을 습격하다(襲寇敵船)〉(1942년, 그림 1-12)은 가마쿠라시대(鎌倉時代) 몽골과의 전투를 소재로 한 그림이다. 몽골의 일본 원정이라는 소재는 1853년 개항 이후 역사 속의 외침을 상징하는 사건으로 인식되었고, 기쿠치 요사이(菊池容齋)처럼 내셔널리즘을 앞세운 화가들의 그림에 종종 등장하는 모티브였다. 청일전쟁기에는 그 전쟁을 몽골과의 전투와 임진왜란 당시 명나라 군대와의 전투에 이은 중국과의 전쟁 제3라운드로 인식한 마쓰모토 후코(松本楓古)와 같은 화가의 그림 〈몽고습래벽제관전투(蒙古襲來碧蹄館戰鬪)〉이 그려졌다. 이 소재는 다수의 문학작품에서도 다루어진 바 있지만, 이소다 죠슈의 〈습구적선〉에서는 일본군의 기습에 의해 시작된 선상전투의 긴박한 장면을 다루었다. 투구, 갑옷, 전함 등의 시대고증에 노력한 흔적이 드러나 있는 이 그림은 몽골군이 상징하는 외적의 격퇴를 염원하는 의도에서 그려진 것이다. 화가 이소다는 1942년 당시 당시 일본화가보국회(日本畵家報國會)에 소속되어 군용기헌납작품전시회(軍用機獻納作品展示會)에 출품하였다.

역사화 장르에 속하는 전쟁화에서 또 하나의 중요한 소재는 근대 이후 일본의 정신으로 재발견된 무사도와 관련된 인물들이다. 그 예로 야스다 유키히코(安田靫彦)의 〈요코세가와진(橫瀨川陣)〉(1940년, 그림 1-13)이 있다. 이는 미나모토노 요시쓰네(源義經)가 그의 이복형으로 가마쿠라 막부를 개창한 미나모토노 요리토모(源賴朝)와 협력하고자 요코세가와 진에 도착한 장면을 다룬 것이다. 무사도가 형성된 시기이기도 한 12세기 말 소위 원평합전기(源平合戰期)에 활약한 그들의 모습을 그리기 위해 야스다는 진고지

그림 1-12 | 이소다 쵸슈 〈적선을 습격하다〉, 1942년

(神護寺)에 전하는 미나모토노 요리토모의 초상화를 바탕으로 하여 시대고증에 심혈을 기울였고, 대작 병풍화의 좌측 화면을 1940년 '기원 이천육백년 봉축 미술전람회'에 출품한 다음 우측 화면까지를 완성하여 그 이듬해 일본미술원전에 출품하였다. 배경묘사를 최소한으로 줄이고 간결한 필선으로 묘사한 두 인물의 모습과 그 표정을 통해 화면에는 긴장감이 가득하다.

넓은 의미의 전쟁화로서 불교와 관련한 주제의 그림들을 빼놓을 수 없다. 이들 그림은 고바야시 고케이의 〈부동명왕〉(1942년, 그림 1-14)이나 마

그림 1-13 | 야스다 유키히코 〈요코세가와진(横瀨川陣)〉, 1940년

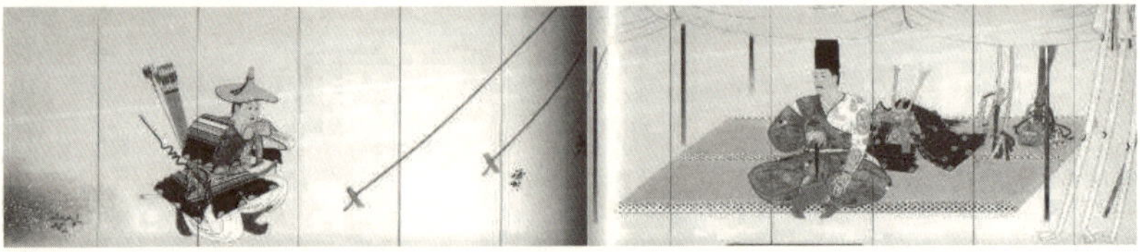

에다 세이손의 〈아수라〉에서 볼 수 있는 바와 같이 불법을 수호하는 수호신의 모습을 형상화하였다. 팔부중 가운데 하나인 아수라를 묘사한 〈아수라〉에서 마에다 세이손은 원래 얼굴이 셋이고 팔이 여섯 개 달려 있어 삼면육비(三面六臂)인 아수라의 모습을 갑옷과 투구를 차려 입은 가마쿠라시대 세 명의 무사로 묘사하였다. 각각 큰칼과 활, 장도(長刀)를 들고 눈을 부릅뜬 모습은 금니(金泥)를 사용한 화염에 싸여 있어 강렬한 시각적 임팩트를 줄 뿐 아니라, 화면 전체에 가득 찬 에너지를 느끼게 한다.

밀교의 존상으로서 아수라와 마찬가지로 악귀를 물리치는 수호신인 부동명왕은 역사적으로 외침이 있을 때 가장 자주 묘사된 예다. 중일전쟁기에도 고바야시 고케이와 같은 일본화가나 사토미 가쓰조(里見勝藏)와 같은 서양화가가 부동명왕을 형상화함으로써 일본의 침략전쟁을 성전으로 미화하는 움직임에 동조하였다. 특히 고바야시 고케이의 〈부동명왕〉은 화면 가득한 화염을 배경으로 붉은 치마를 입은 부동명왕이 이빨을 드러낸 채 칼과 밧줄을 들고 바위에 걸터앉은 모습으로 그려져 있다. 굵기가 일정하고 힘 있는 필선의 구사에 자부심을 가졌던 그는, 중일전쟁이 일어난 1937년 제국미술원 회원에 추대되고, 같은 해 신문전 심사원이 되는 등 미술계

그림 1-14 | 고바야시 고케이 〈부동명왕〉, 1942년

권력의 핵심부에 진입한 인물이다. 그밖에도 부동명왕과 함께 밀교의 오대명왕의 하나인 대위덕명왕(大威德明王)을 형상화한 가나시마 게이카(金島桂華)의 〈대위덕명왕〉이나 제발(題跋)에 "기원 악마항복(祈願 惡魔降服)"이라

고 쓴 노다 규호(野田九浦)의 〈군다리야차명왕(軍荼利夜叉明王)〉도 마찬가지의 의도에서 그려진 그림들이다.

이같은 예들처럼 불교와 같은 종교적인 믿음을 배경에 둔 전쟁화에는 적군을 악으로 규정하고 불법을 수호하는 수호신들의 신통력을 빌려 적군을 물리치려 하는 배타적이고 독선적인 인식이 드러나 있다. 그 과정에서 밀교의 공격적인 존상들이 채택되고 형상화된 점은 이미 가마쿠라시대 몽골의 원정 당시부터 선례가 있는 고전적인 방식이라고 하겠으나, 전쟁기 일본이 전통문화의 일부인 불교를 어떻게 활용하였는지 보여 주는 예들로서 전쟁화의 다양한 측면을 드러내고 있다. 또한 그 활용이 이 시기 전쟁화 가운데 일본화 장르에서 두드러진 점도 특기할 만하다.

4. 느슨한 듯 다양한 전쟁화

이상에서 살펴본 바와 같이 중일전쟁기 전쟁화는 기존에 논의된 바와 같이 '명분없는 총력전'이었던 중일전쟁의 성격을 드러내 주는 경우도 있지만, 그것만으로는 설명할 수 없는 전쟁화의 예도 적지 않고 몇 가지 유형으로 나뉜다. 전투장면에서는 광활한 대지를 강조하고 중국의 지역성을 드러낸 부류가 있었고, 병사들의 뒷모습을 묘사한 부류도 그들과의 일체감을 강조하여 그들을 후원하거나 감정이입을 시도한 예들도 있었다. 새로운 로맨티시즘의 창출을 시도한 경우에서 보듯이 적극적인 의미가 개입되어 있는 만큼 기존의 논의에서 간과했던 부분에 주목해야 한다. 또한 그것은 전쟁 장면을 다룬 서양의 역사화나 '귀축영미'의 구호 아래 그 영향을 받은 태평양전쟁 발발 이후의 '피비린내 나는 전쟁화'에서는 읽어 낼 수 없는 부분이다.

중국인이 등장하는 점령지 풍경의 경우 그려진 소재에 따라 다양한 시선이 개입되어 있어 다양한 의미를 추출해 낼 수 있는 장르다. 젊은 중국인 여성과 일본군 병사가 함께 등장하는 회화에서 보았듯이 소위 일지친선을 선전하기 위한 의도로 그려진 경우가 있는가 하면, 중국인 여성이 등장하는 화면에서 화가의 젠더적 시선이 개입되어 여성을 성적인 대상으로 묘사한 경우도 있다. 그 경우 점령지의 여성과 점령군, 혹은 점령국 화가의 조합이 만들어 내는 각 경우가 젠더 정체성과 함께 중국과 일본이라는 국가적 정체성을 오버랩시킴으로써 일본이 주도한 근대 동아시아 지역 질서의 또 다른 일면을 드러낸다. 전쟁화에 등장하는 중국인 어린이나 노인이 일본군의 보호를 받거나 시혜의 대상으로 묘사되어 있는 점은 약자인 그들이 일본군에 대해서는 가장 우호적인 태도를 보였다는 반증이기도 하다. 그들을 통해 일지친선, 나아가서는 대동아공영권의 건설을 시도하였던 일본의 군부와 정치세력의 의도가 관철되고, 그 사실이 선전에 활용되었던 상황이 전쟁화에 그대로 반영되어 있는 것이다. 따라서 중국 점령지의 어린이나 노인이 등장한 그림은 중일화합과 대동아공영권 이데올로기 지지자의 논리를 규명하는 차원에서 주목해야 하는 것이다.

이런 차원에서 보면 중일전쟁기 일본의 전쟁화는 다양하게 전개된 여러 유형이 각각의 특징을 갖고 있었고 그 의미 또한 복잡하였다. 소재나 내용별로 점령지의 인물 혹은, 풍경을 묘사하거나 역사 속의 장면을 묘사함으로써 다양한 화가의 의도를 반영하고 있었다. 따라서 그것은 '명분 없는 전쟁'에 '박력 없는 전쟁화'로만 단순화시켜 규정할 수 있는 대상이 아니다. 다양한 만큼 느슨한 경향을 띤 것도 사실이지만, 전장과 점령지를 묘사하고 현실과 역사와 종교를 두루 투영시킨 선전용 조형물이었던 것이다.

2장

"싸우는 미술(戰ふ美術)"

아시아·태평양전쟁기 일본의 미술은 어떻게 싸웠는가

강태웅

1. 전력(戰力)으로서의 미술

> 미(美)는 힘이다.
> 미술은 일국문화의 꽃임과 동시에, 국가 정신력의 근원이기도 하다.
> 지금 황국거국 이래의 비상시를 맞아, 미술은 3,000년의 전통을 거치며 갖게 된 힘을 십이분 발휘하지 않으면 안 된다.
> 싸우는 미술로, 전력(戰力)으로서의 미술로.[1]

이는 정보국 문예과장 이노우에 시로(井上司朗)가 1944년 2월 잡지 『미술(美術)』에 실은 「황국 미술 확립의 길(皇國美術確立の道)」의 일부분이다. 아시아·태평양전쟁기 일본의 미술은 프로파간다로서의 역할이 강조되어, 전쟁화(戰爭畫)가 양산되었음은 잘 알려져 있다. 그런데 위 인용문에서는 전쟁 이미지를 미술에 반영하여 보는 이의 '전의고양(戰意高揚)'에 도움을 주는 역할이 아니라, 미술이 "국가 정신력의 근원"이자 "전력(戰力)"으로 전쟁을 직접 싸워 나가는 주체로서 묘사되고 있음을 확인할 수 있다. 이와 같은 이노우에의 발언은 기존 연구에서 거의 거론된 적이 없다. 물론 전쟁 때에 행해진 미술론을 "너무나 황당하고", "거짓말의 교향곡"에 불과하다고 치부할 수 있다.[2] 하지만 일본의 미술계가 그러한 '황당한' 인식 하에서 재편되었고 제작 활동을 하였음은 틀림없는 사실이기 때문에, 이 글은 당시 미술에 대한 담론 분석을 통하여 미술에 대한 인식을 되돌아보고, 아시아·태평양전쟁기에 미술이 어떻게 '싸워 나갔는지'를 고찰하려 한다.

총력전 체제에 들어가면서 프로파간다의 필요성이 더욱 높아지고, 각종 문화 매체들은 '사상전(思想戰)'이라는 명목 하에 그 역할이 중시되었다. '사상전의 무기'로 신문, 잡지와 같이 글로 전달되는 인쇄물, 문자를 몰라도 이해할 수 있는 사진, 하얀 벽만 있으면 이동식 영사기로 어디든지 가서 수많은 이들을 모을 수 있는 영화가 주목받았다. 그에 반해 "예술로서의 미술작품 그 자체로 전쟁을 지원하기 위한 유효한 역할은 없었"기에, "전력"으로 기능하기 위해서는 기껏해야 금속으로 만들어진 물감의 튜브를 회수하여 항공기의 재료로 쓰던가, 전람회의 입장료나 작품 판매 대금을 군에 헌납하는 등의 "광물 자원이나 금전으로 환원시킬 필요"밖에 없었다고 여겨져 왔다.[3]

전시기 일본의 미술에 대한 학문적 관심은 직접적으로 전쟁과 관련 있는 장면을 그린 전쟁화에 집중되어 왔다. 미국이 접수했던 전쟁화가 1970년에 '무기한 대여'라는 명목으로 일본에 반환되었고, 그 작품들을 중심으로 한 텍스트 분석, 그리고 전쟁화로 유명했던 화가 개인에 대한 연구들이 적지 않게 이루어져 왔다. 당시 전쟁화를 제외한 다른 장르들은 대부분 핍박을 받거나 활동의 장을 빼앗긴 것으로 여겨졌다.[4] 그렇다면 전시기 미술의 효용성은 전쟁을 재현하는 행위에만 있었는가? 전쟁의 재현을 해낼 수 없었던 여타 미술 장르는 아무런 역할이 없었던 것일까? 이 글은 당시 "싸우는"이라는 표현에 걸맞은 미술의 역할이 무엇이었는지를 규명하려는 시도이다.

2. 전시기 미술계, '르네상스'를 맞이하다

군과 연관된 미술단체가 생기는 것은 1930년대가 끝날 무렵부터이다. 1937년 6월에 해군성의 후원을 받은 '대일본해양미술협회'의 결성을 필두로 하여, 1938년 4월에는 '대일본육군종군화가협회'가 결성되었다가 1939년 4월에 '육군미술협회'로 재결성되었고, 1941년에는 '대일본항공미술협회'가 조직되었다. 육군미술협회는 육군성 정보부에 의하여 결성되어, 회장에는 육군 대장 마츠이 이와네(松井石根), 부회장에는 서양화가 후지시마 다케지(藤島武二)가 취임하였다. 이 협회의 주요한 활동은 전람회의 개최와 미술 작품 출판이었다. 아사히신문사와 육군미술협회 공동 주최로 1939년 7월 도쿄부(東京府) 미술관에서 '성전미술전람회(聖戰美術展覽會)'가 개최되었다. "그림 한 점 한 점에 목례하는 사람, 경례하는 사람"까지 나타나며 대성황을 이룬 성전미술전람회는 오사카, 나고야, 교토 등의 대도시를 거쳐, 그 밖의 주요 도시와 조선, 타이완, 만주국을 순회하였다. 또한 육군미술협회는 미술 작품의 출판에도 힘을 기울였다. 봄가을의 야스쿠니신사의 행사에 맞추어 전사자의 유족에게 전쟁기록화를 모은 『야스쿠니 두루마리 그림(靖國之繪卷)』을 3만 부 배포하였고, 성전미술전람회 관련 화집과 종군화가들의 화집을 발간하였다. 1941년 7월에는 제2회 성전미술전람회가 도쿄에서 열리고 제1회와 마찬가지로 각지로 순회하였다. 1942년 12월에는 아사히신문사를 중심으로, 육군미술협회, 대일본해양미술협회, 대일본항공미술협회가 공동으로 주최한 '대동아전쟁 미술전'이 도쿄에서 열려 10여 만에 이르는 사람들이 관람하였고, 역시 전국으로 순회 개최되었다. 1943년부터는 아사히신문사뿐 아니라 요미우리신문사와 마이니치신문사도 육군미술협회와 협력하여 각각의 미술전을 개최하였다.[5]

육군미술협회에 의한 전람회 이외에도, 대일본해양미술협회와 대일본항공미술협회가 별도로 전람회를 개최하였다. 또한 1940년에 '기원 이천 육백년 봉축 기념 미술전람회'가 열렸다. 이 전람회에 응모한 작품 수는 총 5,446점이었고, 입선 작품은 1,859점이었다. 이는 전체 관람자 수가 연인원 30만에 이르는 대규모 전람회가 되었다.[6] 그 밖에도 국제교류기금(Japan Foundation)의 전신인 국제문화진흥회가 주최한 '불인 순회 현대일본화 전람회(佛印巡回現代日本畵展覽會)'와 같이 점령지를 연결하는 문화 행사로 열리기도 하여, 1941년 10월부터 12월까지 베트남 4개 도시(하노이, 하이퐁, 후에, 사이공)를 순회하였다. 이 전시회에는 전쟁화가 포함되지 않았고, 전시 제목 그대로 일본화만이 출품되었다.[7]

종래의 미술전람회의 중심이었던 관전(官展)이 폐지된 것이 아니어서 이 또한 지속되었으며, 지역 단위나 회사 단위의 단체가 주최하는 전람회도 계속해서 열렸다. 1940년대 들어서의 이러한 미술계의 활황은 "전람회의 무기력, 무발전, 부진. 미술가의 예술적 및 생활적 기백의 결핍, 쇠퇴. 창조력 및 창작 현상의 거세. 테마, 기교 등등의 매너리즘. 미술 시설의 활발치 못한 운영. 사회의 미술에 대한 관심과 흥미의 희박함"이라고 나열하며 어느 평론가가 한탄하던,[8] 불과 몇 년 전인 1930년대 중반의 미술계 상황과는 전혀 달랐다. "전시기는 미술의 공백기라고 표현되었으나, 현실적으로 전시기 미술은 어떤 의미로는 풍요한 시기였"고,[9] "화가들에게는 일종의 르네상스"였던 것이다.[10] 이러한 전시기 미술계의 '르네상스'는 전쟁화에 대한 당국의 지원과 대중적 지지에 의한 바가 크다. 하지만 전쟁화 이외의 미술 또한 '르네상스'에서 배제되지 않았고, 엄연히 자기 자리를 차지하고 있었음이 기존 연구에서 주목받지 못했던 점이다. 그렇다면 그러한 영역들은 어떠한 존재 가치를 지니고 있었을까. 이를 알기 위해서 동시기에 진행된 미술계의 재편을 살펴볼 필요가 있다.

3. 전시기 미술계, '신체제'로 재편하다

1940년 10월 대정익찬회(大政翼贊會) 결성을 전후로 한 '신체제 운동'의 바람은 미술계에도 불어 와, 미술계 신체제에 대한 논의들이 신문과 잡지 등을 통하여 쏟아져 나왔다. 당시 가장 이름을 날리던 미술평론가 야나기 료(柳亮)는 자신에게 새로운 단체 결성 취지문이나 선언문이 엄청나게 우송되어 온다고 하며, 신체제를 맞이하는 미술계의 태도를 "편승(便乘)"과 "구체제(舊體制)"라는 두 단어로 정리하였다. 신체제에 적극적으로 부응하려는 "즉응파(卽應派)"는 그렇지 않은 "자중파(自重派)"를 가리켜 "구체제"라고 부르고, 이에 대하여 "자중파"는 "즉응파"를 시대에 "편승"하고 있다고 비판하고 있다는 것이다. 야나기 료는 "즉응파"이든 "자중파"이든, 그들의 주장이 이전에 비하여 예술적 입장에 선 주장이 현저히 소극적이 되어 버린 반면, 정치적 색채가 노골적이 되었음을 날카롭게 지적해 낸다. 그렇다고 야나기 료가 정치적 색채가 많아졌음을 비난하지는 않는다. 그는 국가적으로 "정당을 해소하고 일원적 성격에 귀일"하려는 시국임에도 불구하고, 미술계는 오

히려 신체제를 빌미 삼아 "소당분립(小黨分立)"하고 있다고 비판하였다.[11]

당시 미술계 신체제의 논의에는 평론가들은 물론 많은 작가들이 참여했고, 미술, 회화, 조각뿐 아니라 건축, 공예, 디자인, 만화, 미술 교육 등 다양한 분야에서 이루어졌다.[12] 또 다른 특징은 전쟁의 재현에 대한 논의를 그 안에서 거의 찾아볼 수 없다는 점이다. 그보다는 어떤 분야를 막론하고 새로운 미를 어떻게 만들어 낼 수 있는지가 중점적으로 논해 졌다.

민예 연구가인 야나기 무네요시(柳宗悅)는 일본의 수많은 공예단체 중에서 신체제 요구에 부응할 준비가 가장 잘 되어 있는 것은 민예(民藝)단체라고 말하며, "올바른 공예의 발전 없이는, 올바른 미의 일본을 건설할 수 없다"고 단정 짓는다. 그리고 "민중적"이고 "국민적"이고 "실용적"인 민예야말로, "건전하고 독자적인 일본"의 발현이고, "민예처럼 거짓 없이 국가를 말하는 것은 없다"고 주장하였다.[13] 가죽 공예가인 오츠보 시게치카(大坪重周)는 전통적 공예 기법에 집착해서는 안 되고, 신체제 하에서는 "새로운 형태의 미의 창조를 향하여" 전진해야 한다고 말하였다.[14] 미육(美育, 美的教育)도 미술계의 신체제 논의와 맥을 같이 하였다. 한 미술 교육자는 독일이 전쟁 중임에도 불구하고 예술제를 개최하여 국민 문화를 선도하는 것과 마찬가지로, 일본에서도 "국민의 정조(情操)가 과격한 변동 속에 있지만 예능 교육의 배양은 더욱 강조되고 있다"고 현상을 이야기하며, 미술 감상을 가르치는 미육이 나아 갈 길은 "미술 일본의 세계화, 세계에 빛나는 일본미술의 정화(精華)를 지적하고 미술 문화의 재건으로 향하게 하는" 것이라고 주장하였다.[15] 조각가 다카무라 고타로(高村光太郎)는 아사히신문의 '신체제로의 미술(新體制への美術)' 기획 연재 코너에 「예술의 순수성(藝術の純粹性)」이라는 글을 기고하였다. 그는 "예술이 정치의 단순한 괴뢰여서는 안 된다. 시대를 뛰어 넘을 정도의 깊은 예술적 본질을 획득하려고 매진해야만 진실로 그 시대의 현양(顯揚)이 될 수 있다"고 강조하였다. 미술계 신체제라는 맥락을 모른다면 다카무라 고타로의 발언은 시국과는 상관없이 순수한 예술가의 길을 가겠다는 '불손한' 의미로도 읽힐 정도이다. 이와 같이 당시 미술계에 전쟁의 재현이 우선적으로 요구되었던 것이 아니라, 미술 본연의 업을 다해 국위 선양에 이바지하는 역할이 기대되었던 것이다.

미술계 신체제에 대하여 열띤 논의가 이루어지고 있던 와중에, 가장 영향력 있는 발언은 일본화 화가의 거두이자 1937년 제정된 문화 훈장의 제1회 수상자인, 요코야마 다이칸(橫山大觀)으로부터 나왔다. 요코야마 다이칸의 「일본미술 신체제로의 제안(日本美術新體制への提案)」은 문부대신 하시다 구니히코(橋田邦彦)에게 보낸 서신이 1941년 2월에 신문과 잡지에 배포되는 형태로 공개되었다. 따라서 이 글은 요코야마 다이칸 개인의 입장 표명이었음에도 불구하고 공적인 경로를 통함으로써 그 무게감을 더하였다. 요코야마는 이 글에서 세 가지를 제안하였다. 첫 번째로는 국가가 전적으로 관장하는 '국가 시설 전람회'의 창설이었다. 이를 통하여 "다양한 기성 단체를 초월하여, 국가가 강력한 지도 정신을 가지고 방만 난잡한 경향을 규정(規正)하고, 이를 일원화하여 건전한 일본미술 발달을 추진해야 한다"고 주장하였다. 기존의 관에 의한 전람회가 일부 단체들 위주로 운영되어 제대로 기능하지 못 했음을 지적하며 그 수정을 요구한 것이다. 다음으로 요코야마는 "사숙(私塾)", 즉 사제 관계로 얽힌 미술계의 폐해에 대해서 논하였다. 전람회 출품작 심사에 있어서 특히 "사숙"의 문제가 드러나기 때문에, 이를 "전제(剪除)"하기 위해서 공동의 연구 기관을 설치해야 한다고 말하였다. 그는 또한 "생생하고 발랄한 황국 미술은 찬란히 홍기할 것이고, 신동아의 맹주로서 빛나는 활동은 세계의 이목을 끌어, 팔굉일우(八紘一宇)의 대정신이 예술에서 환히 현현할 것이다"라고 하며 ,미술의 발전과 국가

그림 2-1 | 요코야마 다이칸 〈산에 연관된 열 가지 주제 - 용 춤추다(山に因む十題 - 龍踊る)〉, 1940년, 아다치미술관(足立美術館) 소장

의 그것을 일치시켰다.[16]

1941년에 발표된 요코야마 다이칸의 「일본미술 신체제로의 제안」은 다른 문화계의 움직임에 공명하는 것이었다. 같은 해에 '대일본시인협회'가 결성되었고, 1942년에는 '일본문학보국회'와 '대일본언론보국회', 그리고 1943년에 '대일본서도(書道)보국회'가 만들어졌다. 이와 같이 대정익찬회 산하에 다양한 문화단체가 만들어졌고, 미술계는 1943년 5월 '일본미술보국회(日本美術保國會)'를 결성함으로써 신체제 운동의 절정을 장식하였다. 일본미술보국회의 회장은 요코야마 다이칸이 맡았다.

이상과 같이 '신체제'라는 국가 규모의 정치적 움직임에 대한 미술가들의 반응은 자기가 속한 단체나 미술 장르를 두둔하는 발언과 더불어, 구체

그림 2-2 | 요코야마 다이칸 〈정기방광(正氣放光)〉, 1942년, 육군자위대 제1술과학교 교육참고관(陸軍自衛隊 第一術科學校 教育參考館) 소장

성을 결여한 '일본적 미의 추구', '새로운 미의 창작' 등으로 나타났다. 이러한 신체제 논의에서 예술 활동이 국위 선양이라고 하면 문제가 없었던 것이다. 「일본미술 신체제로의 제안」을 발표하여 분위기를 이끌었고 패전 때까지 일본미술보국회의 회장을 역임했던 요코야마 다이칸의 경우, 전쟁 장면을 그린 적이 없고 계속해서 후지산을 그렸을 뿐이다(그림 2-1, 그림 2-2). 신체제를 둘러싼 논의들 속에서 드러나는 당시 일본미술계의 모습은 종래 연구에서 강조되었던 전쟁의 재현 여부 및 미술에 대한 강력한 통제와는 거리가 멀다. 그렇다면 군부 쪽에서의 미술 인식은 어떠했을까.

4. 미술은 사치인가

요코야마 다이칸이 「일본미술 신체제로의 제안」을 하기 한 달 전, 미술 전문 잡지의 지면에서 '국방 국가와 미술 – 화가는 무엇을 해야 하나(國防國家と美術 - 畵家は何をなすべきか)'라는 좌담회가 열렸다. 여기에는 육군성 정보부원 세 명과 평론가 한 명이 참여하였고, 미술가가 포함되지 않았다.

> 지금 사치는 적(敵)이라고 일컬어지고 있는 이 시대에, 미술은 사치라고 생각한다. … (중략) … 세상에서 미술가라는 자는 자신이 좋아하는 장사에 종사하고 있다. 장사라고 해서 나쁘게 들릴지는 몰라도, 싫어하면서 미술가가 된 사람은 아마도 없을 것이다. 이런 사치스럽고 고마운 생활은, 아무리 가난한 화가라 해도 지금 세상에는 달리 없을 것이다.[17]

육군성 정보부원 아키야마 구니오(秋山邦雄) 소좌의 이러한 발언으로 인하여, 좌담회는 "일본 근대 미술사상 가장 악명 높은" 것으로 많은 연구에서 인용되고 있다.[18] 그러나 아키야마 소좌의 발언은 "미술은 사치"라는 수준에서 끝나지 않았다. 종래 연구에서 인용되지 않았던 그의 발언의 뒷부분을 살펴보자.

> 일본 문화 속에서 미술이 가장 높은 지위를 점하고 있다고 생각한다. 일본의 현재 문화를 장래 영원으로 전달한다는 시각에서 본다면, 미술은 사치가 아니라 매우 중요한 작업이다. 예를 들면 일본이 아무리 죽느냐 사느냐의 전쟁을 하고 있을 때라도, 미술만은 최후까지 진흥시켜야 한다. 그런 의미에서 가령 군수 공장의 직공이 모자라더라도, 진정한 의미의 예술가라면 폭탄이 떨어지는 와중에서도 역시 붓을 쥐고 진정한 예술을 후세에 남기지 않으면 안 된다.[19]

앞의 인용과 뒤 인용 사이에는 다른 사람의 개입은 없고, 아키야마 소좌가 연속해서 말하고 있다. 기존 연구가 앞의 인용만을 주로 거론한 이유는 전시기 일본미술계가 '통제'받았고, 군부에 의하여 '비하'당하였음을 강조하기 위해서일 터이다. 그러나 종래의 연구 시각에서 거리를 두고 앞서 살펴보았던 신체제에 대한 미술계의 논의들을 상기해 보면, 아키야마 소좌의 미술과 국가의 운명을 동일시하는 태도는 그런 논의들과 일맥상통하고 있다. 그렇다면 왜 아키야마 소좌의 발언에는 간극이 존재하였을까? 그는 미술가 개인적 차원에서는 미술이 사치이긴 하지만, 국가적 차원에서 보면 그렇지 않다는 것이다. 그렇다면 전시기에 미술가가 하고 있는 작업이 개인적 차원으로 평가받을 것인지, 국가적 차원으로 평가받을 지는 어떻게 정해 졌을까? 많은 미술가가 전쟁 관련 소재로 달려 든 것은 그 작업이 국가적 차원으로 평가받기 쉽기 때문이었을 것이다. 전쟁화나 전쟁 조각과 같이 전쟁의 재현에 힘쓴다면, 이를 어느 누구도 개인을 위한 사치라고 평할 수 없기 때문이다.

국가의 운명과 미술의 그것을 일치시하는 인식은 군부뿐만 아니라 정부 당국에서도 공유하고 있었던 것으로 보인다. 이를 뒷받침하는 사실로 미술 재료에 대한 정부 차원의 특별 조치가 있다. 1940년 7월 상공성과 농림성은 전시 경제 운영에 필요한 자재, 동력, 노동력, 연료 등이 국민 생활에 그다지 필요치 않은 용도로 쓰이거나 사치품으로 이용되는 경우를 막기 위해, '사치품 등 제조 판매 제한 규칙(奢侈品等製造販賣制限規則)'을 공포하였다. 이에 따라 미술 재료들의 판매와 구입도 제한을 받았지만, 바로 다음 달 문부성에 의하여 미술 재료는 제한 규칙에서 제외되었다. 또 다른 예를 살펴보자. 1943년 5월 '일본미술보국회'가 결성될 때, '일본 미술 및 공예 통제협회(日本美術及工藝統制協會)'가 같이 설립되었고, 회장은 상공대신이었던 요시노 신지(吉野信次)가 맡았다. 이 통제협회는 미술 제작에 필요한 자재를 할당 배급하던 단체로 악명이 높다. 하지만 전시기에 구하기 힘든 비단과 종이 같은 고가의 미술 자재를 미술계 이외의 곳으로 흘러 나가지 못하도록 '통제'하여, 안정적으로 화가들에게 공급하는 기능도 담당하였던 것이다.[20]

5. "싸우는 미술"과 그 한계

전쟁의 재현이 미술계에 우선적으로 요구되지 않았음은 앞서 확인한바 대로이다. 또한 그 재현의 정도가 높다고 하여 바람직하다고 여겨지지도 않았다. 프랑스 유학을 하고 돌아와 일본에 초현실주의 회화를 소개한 화가 후쿠자와 이치로(福澤一郎)에 따르면, 전쟁화에는 "모순"이 존재하였다. 비행기를 그릴 경우 당국은 일반 민중에게 잘못된 정보를 전달하면 안 된다면서 정확한 묘사를 요구하지만, 반면 군사 기밀이기 때문에 그 정확함에 한계가 있을 수밖에 없다는 것이다.[21] 이러한 "모순"을 피하면서 화가들이 재현의 정도를 높일 수 있는 방법은 당국의 검열을 통과했음이 분명한 신문 사진을 소재로 하는 것이었다. 당시 전장에서 찍힌 보도사진을 회화로 옮기는 작업이 활발히 이루어졌다. 야마시타 도모유키(山下奉文) 육군 대장이 싱가포르를 점령하고 영국군의 항복을 받아 내는 회의장 사진을 토대로 미야모토 사부로(宮本三朗)가 그린, 〈야마시타, 퍼시벌 두 사령관 회견도(山下, パーシバル兩司令官會見圖)〉는 제국미술원상을 받을 정도로 평이 좋았다(그림 2-3).

때로는 동일한 신문 사진을 가지고 여러 화가가 그리기도 하였다. 말레

그림 2-3 | 미야모토 사부로 〈야마시타, 퍼시벌 두 사령관 회견도(山下, パーシバル兩司令官會見圖)〉, 1942년, 도쿄국립근대미술관 소장

이시아에서 공병대가 가교를 놓는 장면을 찍은 사진을 토대로 네 명의 화가가 거의 같은 그림을 그려 내는 해프닝이 벌어지기도 하였다(그림 2-4는 네 개의 그림 중 하나이다). 거의 비슷한 네 개의 작품은 1942년에서 1944년까지 열린 서로 다른 전시회에 출품되었다. 그럼에도 불구하고 당시 이를 문제 삼는 사람이 없었다.[22]

이처럼 전장의 사진을 바탕으로 그려 내는 전쟁화가 범람했던 이유에는 후쿠자와 이치로가 말한 "전쟁화의 모순"에서 벗어나려는 의도가 있었

그림 2-4 | 시미즈 도시 〈공병대 가교작업(工兵隊架橋作業)〉, 1944년, 도쿄국립근대미술관 소장

을 터이다. 그리고 여기에는 당시 '르네상스'를 맞이한 미술계 활황의 영향도 있었다. 성전미술전람회만으로도 순회지역별 개최 시기가 겹치고, 다른 전람회끼리도 역시 그 시기가 겹치는 경우가 많다. 게다가 내지뿐 아니라

그림 2-5 | 스즈키 미츠루(위) 및 작자 불명(아래)의 〈학도출진(學徒出陣)〉, 1944년, 도쿄국립근대미술관 소장

외지를 순회하는 이동 거리와 시간, 그리고 관중 동원을 위해서 유명 작가의 작품이 전람회에 필수적으로 들어가야 하는 점을 고려한다면, 급증하는 전람회 수요를 새로운 작품으로 매번 충족시키기는 매우 힘들었을 것이다. 사진을 회화로 옮기는 작업은 화가에게 새로운 구상에 대한 부담과 시간을

덜어 주었을 것이다.

그리고 전람회 수요를 충족시키기 위한 또 다른 '해결책'이 있었다. 같은 작품을 다시 만드는 것이다. 완전히 똑같이 만들지는 않고 그림의 일부분만을 변형시킨 그림이나 조각들이 이 시기에 많이 제작되었다. 조각의 경우 지탱하는 다리의 좌우를 바꾸기도 하였고, 회화의 경우 원작의 좌우를 반전시켜 그리거나 정면상을 측면으로 바꾸기도 하였고, 군도(軍刀)의 날 방향을 바꾸는 등의 작업이 이루어졌다. 거의 대부분 미술가 자신에 의하여 재제작되었지만, 1944년 육군 미술전에 출품되어 정보국상을 수상한 스즈키 미츠루(鈴木滿)의 〈학도출진(學徒出陣)〉처럼 다른 사람에 의해 모사된 작품도 있다(그림 2-5).[23]

전쟁을 재현한 작품의 양산에는 대중의 열렬한 지지가 자리하였다. 그러나 그러한 대중의 열기가 긍정적으로 받아들여지지는 않았다. 아사히신문 사회부의 도야마 다카시(遠山孝)는 "전쟁화를 그리는 작가"와 "전쟁화를 그릴 수 없는 작가"로 구분 지으려는 세태를 비판하고 나섰다. 그는 전시기 미술가의 역할이 전쟁화를 그리느냐 그렇지 않느냐가 아니라, "새로운 문화, 미술의 창조에 매진한다는 국가 목적에 따르는" 것이라고 결론지었다.[24] 그렇다면 이러한 "미술의 창조"가 전쟁과 어떻게 연결이 된다는 것일까. 조각가 가토 겐세(加藤顯淸)는 전쟁의 개념 자체를 변형시켜 미술로 끌어 들였다. 그에 의하면 "대동아전쟁은 미증유의 창조적 전쟁"이지 "파괴"가 아니고, "이제까지 본 적 없는 세계 신질서 창건을 위한 성전(聖戰)"이었다. "전쟁의 창조성"을 구현하는 미술가가 할 일은 "미의 창조이고 우리 미술가에게 부과된 유일 절대의 책무"이기 때문에, 작품을 만듦에 있어 "꼭 전쟁에서 소재를 취할 필요는 없"는 것이었다.[25] 다시 말하면 미술에 있어서 중요한 점은 전쟁을 어떻게 재현하느냐가 아니라 미의 창조이고, 그것

자체가 바로 전쟁에서 싸우는 행위가 될 수 있다는 것이다. 이러한 인식으로는 미의 전파가 군사적 세력 확장과도 연결될 수 있었다. 앞서 언급했던 '불인 순회 현대 일본화 전람회'가 일본의 남진 정책, 즉 북베트남에서 남베트남으로의 진군과 연동되어 열렸기 때문이다.[26]

전시기는 일본미술계의 '르네상스'이기도 하면서, 실제로 이탈리아 르네상스에 대한 연구 열풍도 존재하였다. 전시기에 '순수 미술'인 이탈리아의 르네상스를 논하고, 그와 관련된 논문이나 책을 펴냈다는 사실만으로, 지식인들의 "저항" 행위로 전후 평가받았다. 하지만 전시기 일본에서는 용지 배급 제한에도 불구하고 엄청난 양의 르네상스 관련 서적이 출판되었다. 그리고 〈아시아 부흥 레오나르도 다빈치 전람회〉가 1942년 8월 대규모로 열렸다. 레오나르도 다빈치는 "총력전적 천재의 전형, 권화(總力戰的天才の典型, 權化)"로 소개되었고, 이를 모델로 하여 "일본의 아시아 르네상스"를 성취하자는 주장까지 나왔다. 이러한 르네상스 열기에는 1938년 11월 일본과 독일의 문화 협정 체결에 이은 1939년 3월 일본과 이탈리아의 문화 협정 체결이 주효하였다. 레오나르도 다빈치는 "유럽의 르네상스를 동쪽 아라비아 과학과의 접촉, 그리고 아시아에 대한 동경"을 통하여 이룩해 낸 인물로 소개되었다.[27] 따라서 전시기에 르네상스를 통하여 '순수한' 미의 추구를 논했기에 전후에는 '저항'으로 칭송된 행위들이, 당시에는 '저항'이 아니라 정반대의 의미를 가진 "국책 영합"이었던 것이다.[28]

다시 한 번 처음에 인용된 정보국 문예과장 이노우에 시로의 글로 돌아가 보자. 그가 말했던 "싸우는 미술"과 "전력으로서의 미술"이라는 표현이 이제는 낯설지 않을 터이다. 그렇다고 이노우에가 그러한 표어를 아무 비판 없이 남발했던 것이 아니다. 그는 당시 미술계가 직면한 문제를 적확히 짚어 내고 있었다.

그림 2-6 | 〈레오나르드 다빈치 전람회〉 포스터, 1942년

전쟁화나 딱딱한 과제화(課題畵)보다도, 아름다운 화조(花鳥), 산수, 정물, 미인화가 적절하다는 매우 타당한 이유에 숨어, 실은 자신이 기득(旣得)한 그림의 경지, 기법 내지는 화단(畵壇)에 있어서의 지위의 옹호에 급급할 따름이다. … (중략) … 전쟁화, 역사화, 과제화 등이 올바로 사명을 다하기 위해서는, 그것들이 무엇보다도 먼저 예술일 필요가 있다. 즉 어디까지나 뛰어난 예술성을 가지는 것이 절대 조건이다. 단지 전쟁의 외면을 어루만지고, 보도사진의 복제와 같은 경지에서 벗어나지 못 한다면, 그것은 전쟁화라고 이름 붙일 가치도 없다.[29]

이노우에 시로는 전쟁의 재현에 해당하지 않는 미술가들의 작업이 이제까지 해오던 것과 그다지 다를 바가 없음을 지적함과 동시에, 전쟁화를 그리고 있는 이들에 대해서도 "보도사진의 복제"와 같은 행위를 하고 있음을 비판하고 있다. 그렇다면 이러한 상황을 어떻게 타파할 수 있을까. 이는 '국방 국가와 미술' 좌담회에서 아키야마 소좌의 발언에서 빚어 나온 문제점과도 통한다. 즉 미술 행위를 어떻게 개인적 '사치'인지 국가적 '미의 추구' 행위인지로 구분 지을까의 문제와 말이다. 이노우에 시로는 미술가의 "기백"이 들어가 있다면, 그것은 "훌륭한 황국 미술"이라고 정의한다. 하지만 작품에 "기백"이 들어가 있는지 아닌지는 누가 어떻게 판단할 것인가. 결국 "싸우는 미술"은 작품이 아니라 미술가 개인의 마음가짐으로 수렴될 수밖에 없는 한계를 지니고 있었다.

6. 국가와 미

이 글은 총력전 체제 하의 일본에서 미술계에 기대된 역할은 무엇이었는지를 살펴보았다. 전시기에 전쟁화와 같은 전쟁의 재현이 대중적으로 많은 인기를 얻었지만, 그것이 미술계의 궁극적인 목표가 아니었다. 미술 본연의 창작을 통한 미의 발전이 국가의 운명과 동일선상에 놓여 이야기되었고, 전쟁에서 싸우는 행위와 동일시되었다. 따라서 전쟁 이미지와 관련된 작품을 만들었는지 아닌지의 여부가 당시 미술가들을 판단함에 있어 그다지 유효한 잣대라고는 할 수 없다. 기존 연구는 전쟁의 재현 여부에 초점을 맞추어, 그러한 재현에 열중했던 일부 화가와 작품에 관심이 집중되어 왔다. 그리고 미술계 전반은 당국의 통제와 압박을 받아 온 '희생자'로 묘사되어 왔다. 하지만 이 글이 밝혀냈듯이, 전쟁의 재현이 아닌 미의 추구 그 자체가 국가에 의하여 인정받았고, 더 나아가 미술 창작 자체가 "싸우는" 행위로 인식되었던 것이다. 이러한 시점을 적용한다면, 전시기 일본미술에 대해서 이제까지와는 전혀 다른 평가가 가능할 것이다.

3장

일본 총력전 시기의 항공미술

"거짓말의 진실"을 통한 영원성의 재현

한정선

1. 총력전과 미술

1942년 일본이 제국의 사활을 건 총력전을 전개하고 있을 때, 한 일본의 사회학자는 선전의 중요성을 다음과 같이 간파하고 있었다.

> 근대전의 특징은 국민 전체의 전쟁이다. 따라서 정부의 여론 통제는 대규모 근대전에 없어서는 안 되는 요소이다. 선전은 단순히 자국과 적국만을 고려해서는 안 되고, 나아가 다른 중립국의 동향도 전쟁의 전략적 요소로 고려해야 할 때가 온 것이다. 근대전에는 군사적 지원 또는 간섭이 있는 것은 물론 경제적 형태로서 연료, 식량, 금속, 의료의 공급, 국채의 소화와 같은 민중의 지원 또는 장해가 있기 때문이다. 그렇기 때문에 전 국민의 총동원이 없이는 해군도 육군도 충분한 군사 행동을 할 수 없게 된다. 특히 비전투원의 결속은 교련, 체력적 군사 편성에 의해 되는 것이 아니고, 선전에 의해 처음으로 형성되는 것이다.[1]

그러나 선전은 "명령"과 같은 "직접적 강제"가 아닌 "암시적 강제"로서 그 핵심 기능은 "정신 동원"이며, 이를 통해 "공간적으로도 생활적으로도 떨어져 있는 사람들의 마음을 결속시켜 '일체감'을 형성"하는 것이다. 따라서 선전(propaganda)은 "파괴적인 기능"을 가지고 있는 "선동(agitation)"과는 달리 "건설적인 기능"을 가지고 있고, "진실성"에 기초해야만 가장 큰 효력을 발휘할 수 있다고 고야마는 지적하고 있다. 동시에 고야마는 선전 활동의 조직화를 강조하고 있다.

여기서 주목해야 할 점은 선전 효과의 극대화는 진실이 아닌 진실성에 기반을 둔 점이라는 것이다. 그렇기 때문에 경우에 따라서는 "허위 역시 진실의 한 종류"가 될 수 있으며, 진실성을 강화하는 것이라면, "감정 작용을 교묘히 포착"하는 것이 선전의 중요한 기술 중의 하나가 되는 것이다.[2] 위와 같은 선전의 특성, 기능, 그리고 기술을 고려할 때 예술이 총력전 시기에 "선전력 집중 부문"의 하나로 지목된 것은 어떻게 보면 필연적인 결과라고 할 수 있다.

이처럼 전쟁의 한 수단으로서, "종이의 탄환(紙の彈丸)"의 한 종류로 예술을 활용한 것은 결코 일본에 한정되지 않았다. 제2차 세계대전이라는 총력전이 지구적으로 전개되면서, 독일, 이탈리아, 소련 등의 전체주의 국가는 물론 영국, 미국 등의 자유주의 국가에서도 예술을 선전 도구로 동원하려는 움직임이 나타났다. 그러나 선전의 극대화를 위해 예술가들을 조직적으로 동원하는 정도는 정치 체제의 차이에 따라 큰 차이가 나타났다. 잘 알려진 것처럼 독일의 나치 정권, 소련의 스탈린 체제는 예술을 대중 동원의 수단으로 조직적으로 활용하였지만, 미국의 경우는 전쟁이 끝나는 시점까지 예술가를 적극적으로 동원하는 것을 망설였다.[3] 일본의 경우 중국에 대한 침략전쟁이 장기화되고, '국가총동원법'이 반포되는 1938년 초반을 전후

해서, 총동원의 일환으로 예술도 조직적으로 동원하려는 시도가 나타났다.

총력전이라는 근대의 중요한 사건 속에서 일본 국가는 예술을 어떻게 활용하였을까? 예술가들은 어떤 논리와 표현으로 국가의 요청에 부응, 저항, 또는 회피하였을까? 특히 예술과 선전 사이에서 예술가들이 시대의 요구 속에서 자신들의 위치를 어떻게 정의하였고, 또 어떻게 총력전에 대응했을까? 이러한 문제의식 속에서 우선 전시기 일본에서 전개된 전쟁화에 대한 인식 변화를 분석하고자 한다. 전쟁화는 초기에는 "사실성(寫實性)"을 강조하는 "기록화" 중심으로 이해되었으나, 점차 상상력을 발휘한 "광의의 전쟁화"를 추구하는 것으로 변해 갔다. 이어서 이러한 인식 변화가 아시아·태평양전쟁 말기에 본격화된 항공미술에 어떻게 수렴되었는가를 보겠다.

2. 제국 일본의 전쟁화: 선전화(宣傳畵) 또는 예술화(藝術畵)?

전쟁으로 점철된 일본의 근대사는 전선의 전투를 묘사하고 이를 후방에 알리거나 이전의 전쟁을 기억하는 전쟁화를 지속적으로 생산했다. 근대 초기의 전쟁화, 즉 국가 형성기에 발생한 세이난 전쟁(西南戰爭, 1877) 그리고 제국 형성기에 나타난 청일전쟁(1894~95)과 관련된 전쟁화는 전통 시각 문화의 한 종류인 우키요에(浮世繪) 화법을 중심으로 전개되었다.[4] 시각 문화에서도 근대화가 빠르게 진행되면서 우키요에 전통이 종말을 고하게 되고, 서구 사실주의 화법의 이식 위에서 전쟁화가 나타났다. 일본의 근대 미술의 역사는 유럽 르네상스 시기의 원근법과 명암 기법을 활용한 '과학적 사실주의'를 발견하면서 시작되었고, 이후 전통 기법에 근거한 일본화와 대립, 경쟁하면서 성장하였다.[5] 이 과정에서 사실주의 이외에도 사회파 계열 및 아방가르드 화풍이 1920년대 및 30년대 일본의 서양화단에서도 나타났다. 그러나 총력전이 전개되면서 서양화단에서의 다양한 시도는 점차 사라지고, 사실주의가 권위 있는 정통 기법으로 공인되면서 전쟁화가 발흥하게 되었다.[6] 특히 전방의 전쟁을 생생하게 후방에 전달하면서 동시에 전쟁의 대의를 예술적으로 승화시키는 작업에는 서양화의 사실주의적 화법이 유효하다는 인식이 확산되면서, 주로 서양화가가 종군화가로서 활동하고, 전쟁화 제작에 주도적인 역할을 하게 된다. 실제로 아시아·태평양전쟁기에 제작된 전쟁화의 대부분은 서양화이며, 일본화로서 전쟁을 다룬 것은 전체의 20% 정도에 그친다.[7]

육해군 보도부의 위촉을 받아 특정 전투를 묘사한 '작전 기록화'를 포함한 전쟁화를 그리기 위한 종군화가는 중일전쟁 발발과 거의 동시에 나타났다. 그러나 초기 단계에서는 군이 조직적으로 화가를 동원했다기보다는 화가들이 자발적으로 종군한 경우가 많았다. 그러나 전쟁이 장기화될 조짐이 확실해지고, 이에 대처하는 국가총동원법이 반포되는 1938년 초반을 기점으로 예술가를 조직적으로 동원하려는 시도들이 나타났다. 전쟁화 제작을 위해서 군이 정식으로 화가에 종군을 요청한 것은 1938년 상해 파견군이 최초라고 할 수 있다. 국가와 화가의 관계를 조직적으로 강화하려는 시도는 전쟁과 미술의 관계를 새롭게 정의하려는 움직임 속에서도 읽을 수 있다. 예를 들면, 전쟁화를 "국방 국가" 건설에 꼭 필요한 "사치품(贅澤品)"으로 규정한 것이다. 육군성 정보부원이었던 아키야마 구니오(秋山邦雄) 소좌는 한 좌담회에서 다음과 같은 발언을 하고 있다.

> 사치는 우리의 적이라고 말해지는 지금 같은 상황에서 미술은 사치라고 생각한다. … (중략) … 그러나 국가의 입장에서 보면 이러한 사치는 있어도 좋다고 생

각한다. … (중략) … 미술이란 것은 문화의 최고위를 점하는 것이라고 생각한다. 이런 미술이 일본의 문화를 장래에 영원히 전할 수 있다는 입장에서 본다며, 이런 미술은 사치라고 할 수 없고, 매우 중요한 작업이라고 생각한다. 예를 들면, 일본이 죽느냐 사느냐 하는 전쟁을 하고 있는 지금도 미술은 최후까지 진흥시켜야 한다고 생각한다.[8]

영원성을 추구하는 것이 미술의 지향점이라는 입장에서 전쟁화 제작을 종용한 군의 접근은 많은 화가들에게 전쟁화에 새로운 의미를 부여할 수 있게 하였다. 당시 일본에서 가장 활발히 전쟁화를 제작한 후지타 쓰구하루(藤田嗣治)는 "성전미술이라는 것은 영구히 남겨져야만 하기 때문에, 변색이 적은 엄버(천연의 갈색 안료) 계열로 채색을 하였다"라며, 미술의 영원성을 강력하게 의식하였다.[9] 전쟁화의 '영원성'은 화가가 전선의 현실을 생생하게 '기록'하여 후방에 그리고 후세에 전하는 것을 통해서 이루어질 수 있다고 여겨졌다. 따라서 '전쟁기록화'를 제작하는 경우 사실주의의 기법을 사용하던 서양화가가 일본화가 보다 적극적으로 참여하였다. 그리고 "어떤 의미에서는 전쟁은 서양화가들이 서구에서 배운 현실 재현 기술의 성과를 보여 주는 절호의 기회"이기도 했다.[10] 실제로 후지타는 제1회 대동아전쟁 미술전(1942년 12월 개최)을 총평하면서 다음과 같이 "전쟁화에 대해서" 평하고 있다.

나의 40여 년 간의 그림 수업이 오늘에서야 무엇을 위해서였던 것인가가 명확해졌다. … (중략) … 오늘의 싸움을 후세에 남겨야 할 기록화로서 그릴 수 있다는 것에 무한한 영광과 감사를 느낀다. … (중략) … 전쟁화가 우수한 예술품이 되는 것이 불가능하지 않다는 점 때문에 더욱 더 노력해서 [전쟁화를] 그려야만 한다. … (중략) … 일본에서도 들라크루아(Delacroix), 벨라스케스(Velazquez)와 같은 전쟁화의 거장이 나타나지 않으면 안 된다. 일본에 단지 꽃, 새, 자연을 그리는 화가만 있어서는 안 된다.[11]

이처럼 전쟁은 일본의 많은 서양화가들에게 미술에 새로운 의미를 부여하고, 새로운 의미를 만들어 내기 위해 기술을 연마하고, 나아가 서양의 위대한 전쟁화를 능가하는 예술품을 남길 수 있는 기회로 인식되어 갔다. 따라서 군에 의해 '동원'되어 전쟁화를 제작한 화가도 있었지만, 반대로 적극적으로 '종군'을 자원하여 전쟁의 현장을 기록하고자 했던 화가도 있었다. 예들 들면, 서양화가 무카이 쥰키치(向井潤吉)는 대일본육군종군화가협회(1938)를 결성하였다. 이 협회는 1939년 육군미술협회가 결성되면서 발전적으로 해체되었고, 이 과정에서 전쟁 수행을 위해 화가의 자발적 참여 및 조직적 동원이 활성화되었다. 이어서 대일본해양미술협회(1937)와 대일본항공미술협회(1941)가 속속 결성되었다.[12]

대일본종군화가협회의 경우, 1939년 이전에 중국에서 전개된 전쟁에 종군한 미술가는 75명에 이르며, 육군미술협회가 결성되는 시점에는 200명을 넘었다. 그리고 이들 중 대다수는 군의 정식 요청을 받지 않은 채 자발적으로 종군하였다. 이들 종군화가들에 의한 전쟁기록화는 1939년 7월 성전미술전에 출품되면서 사회적으로 많은 관심을 받게 되었다. 이 과정에서 종군화가들이 그린 전쟁화가 전람되고, 동 전람회가 전국을 순회하면서 개최되는 전쟁미술전람회가 유행하게 되었다. 육군미술협회는 육군 미술전(3회), 성전 미술전(2회), 국민총력 결전 미술전을, 대일본해양미술협회는 해양 미술전(6회)을, 대일본항공미술협회는 항공미술전(2회)을 개최하였고, 이 3개 단체가 공동으로 대동아전쟁 미술전(2회)을 개최하였다.[13]

전쟁미술전람회가 개최되고 종군화가들의 전쟁화가 대중에게 소개되면서, 전쟁화 또는 작전 기록화에 대한 논의가 화가와 비평가 사이에서 본격적으로 전개되었다. 일본에 초현실주의를 소개한 서양화가 후쿠자와 이치로(福澤一郎)는 "현재의 종합적 전쟁(문화전, 경제전 등을 포함해서)에서는 회화가 한 몫을 하고 있는 이상, 여기에 주목하지 않으면 안 된다"라면서 "전쟁화에서는 어떤 성격이 가장 발휘되지 않으면 안 되는 것일까"라는 문제를 제기하였다. 그는 이어서, "전쟁화는 현실성(現實性)과 가공성(架空性) 사이에서 만들어지는 불합리한 것"이라고 전쟁화의 "모순성"을 부각시켰다. 특히 "전쟁화가 전쟁의 진실을 전하는 것에만 한정된다면, 쓸데없는 권선징악주의의 선전 교육화(宣傳教育畵)에 그쳐 버리고 만다" 라면서 사실주의에 매몰되는 전쟁화에 이의를 제기하였다.[14]

전쟁화는 전투를 사실적으로 기록하는 것 이상이어야 한다는 주장은 미술 비평가 야나기 료(柳亮)에 의해서도 제기되었다. 제1회 대동아전쟁 미술전(1942년 12월 개최)을 총평하면서, 야나기는 "전쟁화는 사실성(寫實性)뿐만 아니라 낭만성(浪漫性)을 내포하고 있어야 한다"고 지적했다. 그는 이어서 전쟁화와 낭만성과의 관계를 다음과 같이 적고 있다.

> 원래 눈에 보이지 않는, 즉 상(象)이 없는 것은 그리지 않는 것이 리얼리즘의 일반적인 입장이다. 그러나 여기에는 전쟁과 같이 무형의 마력이 지배하는 세계를 대상으로 하는 경우에는 치명적인 약점이 있다. 이 점이 전쟁화 예술에서 절대로 피할 수 없는 낭만적 요소의 도입이 요청되는 지점이다.[15]

야나기는 "일반적으로 화면에 낭만성이 결여되어 있는 것이 오늘날의 전쟁화에 나타나는 공통된 결점이다. 그 결과 어떤 그림을 봐도 무시무시함이 충분치 않다는 느낌이 든다. 좀 더 초인적인 무시무시함을 느끼게 하는 장열하고 웅혼한 감정이 투입되었으면" 하고 요청하고 있다. 야나기는 이어서 특히 "사실적 기술의 대상으로서 바다가 육지보다, 그리고 공중이 바다보다 일층 다루기 번거로운 대상으로 여겨진다"고 지적하였다. 그리고 실제 "해전 또는 공중전을 그린 그림들이 지상전을 그린 전투, 실내의 광경을 그린 그림과 비교해서 앞에서 언급한 기술적 약점을 드러냈다"고 지적하였다. 그러나 바로 사실적 기술이 상대적으로 어렵기 때문에 "모티브의 여하가 예술적 효과를 결정적으로 좌우하는 것"이라고 보았다. 즉 해전 또는 공중전을 다룰수록 상상력이 중요해진다는 것이다. 따라서 야나기는 화가에게 "상상력"을 발휘할 것을 요구하고 있으며, 기술적으로는 구도를 잡을 때 상징과 암시를 적극 활용해 볼 것을 제안하였다.[16]

그러나 이 시기에 나타나는 전쟁화의 성격과 역할에 대한 혼란은 "문전(文展)의 서양화 부문에서 나타나는 목적을 상실한 혼란이 아니고, 의미 있는 혼란"으로 인식되어졌다.[17] 이처럼 총력전이 가열되어 가면서 "의미 있는 혼란"과 함께 전쟁화의 정의와 성격에 미묘한 변화가 생겼다. 전쟁 초기에는 전쟁화는 전투를 생생하게 기록함으로써, 현실성 또는 사실성을 중시하는 경향이 강하게 있었으나, 점차 상상력을 발휘하여 가공성 또는 낭만성을 극대화해야 한다는 인식이 생겨났다. 즉 "'기록화'라고 한정되어진 범위를 넘는 광의의 전쟁화"가 요구되어졌다.[18] 화가와 비평가는 가공성 또는 낭만성이 동반된 전쟁화만이 단순한 선전화가 아닌 예술화로서 기억되어질 수 있다고 본 것이다. 그러나 가공성과 낭만성이 전쟁의 "진실성"을 드러내고 전달하기 위한 것이라는 점을 고려하면, 예술로 승화된 전쟁화를 시도하는 것은 동시에 가장 효과적인 선전화를 그리는 것이기도 했다.

3. "광의의 전쟁화" 그리기: 항공미술 작품을 중심으로

단지 정확성을 중시하는 기록화를 넘어서는 "광의의 전쟁화"의 필요성은 전투기가 주요 전쟁 수단으로 활용되면서 해전도(海戰圖) 또는 항공전도(航空戰圖)가 나타나는 아시아·태평양전쟁 말기로 갈수록 더욱 강조되었다. 야나기는 제2회 대동아전쟁 미술전(1943년 12월 개최)을 총평하면서 다음과 같이 적고 있다.

> 종군의 경험이 작품의 성과를 결정적으로 좌우한다 라는 사실은 전쟁화 제작의 입장을 오로지 리얼리즘 입장에서만 규정하거나 파악한 결과이다. 그러나 대동아의 역사적 성립을, 단순히 기록하는 것이 아닌, 기념하기 위한 대예술은 그렇게 옹색한 것이 아닐 것이다. 의상(意想)의 빈곤이 직접 제작의 약점을 노정하는 것으로는 특히 해전도인데, 아무래도 걸출한 작품을 볼 수 없다. … (중략) … 비교해서 보면, 해전도와 완전히 똑같은 전철을 밟고 있는 것이 항공전도이다.[19]

전쟁에서 최초의 폭격기 사용은 1911년 이탈리아 군이 리비아를 폭격한 사건이다. 이후 1차 대전기에 영국, 프랑스, 독일에 의해 전투기 사용이 다양한 각도에서 전개되었다.[20] 그러나 공군력에 의한 전쟁 수행이 본격적으로 전개된 것은 2차 대전기이다. 항공전의 확산과 함께 엄청난 파괴력을 동반할 것으로 상상된 폭격기가 이제까지 인류가 경험한 전쟁, 즉 피비린내 나는 육탄전, 지구전을 예방하거나 또는 모든 유형의 전쟁행위 그 자체에 종지부를 찍는 역할을 할 것이라는 믿음이 퍼지기 시작했다. 한순간에 대량 살상이 가능한 폭격기는 전쟁 지도자뿐만 아니라 일반인들에게 엄청난 공포를 불러일으킬 것이며, 이러한 공포는 전쟁을 지속하려는 충동을 억제하게 하거나, 나아가 전쟁을 예방하는 기능을 할 것이라는 것이다. 대량 살상의 무기가 아닌, 대량 살상으로부터 인류를 구원해 주는 무기, 즉 "위대한 박애주의자로서의 위대한 파괴자"라는 믿음 또는 희망이 유럽과 미국의 폭격기를 상상하는 저류를 형성하였다.[21]

아시아·태평양전쟁기에 전투기의 효율성이 극적으로 재현된 것은 일본군에 의한 하와이 진주만 폭격이라고 할 수 있다. 이를 계기로 전쟁은 새로운 전기를 맞게 되었고, 전쟁화에서도 공중전을 본격적으로 다루기 위해 항공미술협회가 일본에서 조직되었다. 항공미술협회는 독일 항공화 연구의 권위자로 알려진 미술평론가 나카무라 쓰네오(中村恒夫)를 중심으로 후지타 쓰구하루, 고이소 료헤이(小磯良平), 무카이 쥰키치, 미야모토 사부로(宮本三朗) 등 당시 활발히 전쟁화를 그린 화가들이 참여하면서 1941년 5월 9일 결성되었다. 서양화가 후지타는 "앞으로의 전쟁은 완전히 항공전의 시대가 될 것이며, 따라서 전쟁화에서도 항공전 장면 등이 우리가 가장 그리지 않으면 안 되는 장면이 될 것이다. 나는 지금부터라도 많은 기회를 통해 하늘의 연구자로서, 국민에게 그 실감을 소개하고 싶다는 생각을 하고 있다"라며 항공미술의 중요성을 지적하고 있다.[22]

항공미술협회에 의하면 협회 설립 목적은 "미술가에게 항공지식의 배양을 알선하는 것"이며 이를 통해 "항공 일본 건설"에 "미술을 통해 기여"하기 위함이다. 보다 구체적으로, 협회는 "항공미술전람회 이외에도, 항공미술관 건설, 항공미술 작품 제작 봉사, 항공 관계 관청, 학교, 공장 등에 작품 기증, 동맹 제국과의 작품 교환, 미술가에 대한 미채 연구지도 장려, 항공영화회의 개최 등을 주요 목적으로 하며, 동시에 미술가로서 진실로 멸사봉공의 정신으로 각자의 예술적 사상과 재능과 기술을 최고도로 발휘하여, 이를 통해 국가 목적 완수에 도움"을 주는 것이라고 밝혔다.[23] 항공미술전람회는 1941년 9월부터 1943년까지 매년 9월 항공기념일을 중심으로 아사히신문사와 공동 주최로 총 3회의 항공미술전을 개최하였으며, 육군성, 해군성, 체신성, 정보국 모두 전람회를 후원하였다. 전람회는 일본화, 양화, 조각, 포스터 부문으로 구성되었으며, 초대 출품과는 별개로 매회 작품을 공모하였다. 제1회전의 입선작은 응모한 707점 중 86점이었으며, 제2회전의 경우는 1,900점 중 99점, 제3회전의 경우는 1,500점 중 89점이었다.[24]

항공미술전람회를 포함하여 태평양 전쟁기에 개최된 전람회에 출품된 항공미술 작품은 크게 세 종류로 분류하여 고찰할 수 있다. 항공미술에서 나타나는 첫 번째 유형은 항공기체를 "사실적"으로 그린 작품군이다. 항공기는 전쟁 과학 기술의 정점에 있었고, 기체는 "고도의 과학성"을 체현한 소재로 다루어졌다. 따라서 기체에 대한 정확하고 사실적인 묘사를 항공미술에서는 매우 중요시하였다. 기체를 그린 그림들은 많은 경우 격납고 또는 비행장을 배경으로 그려졌다. 그 한 예로 기체와 격납고의 매우 세부적인 것까지 사실적으로 묘사하였다고 평가받은 후지타 류지가 그린 그림 3-1을 들 수 있다.

일본화가 역시 기체를 묘사한 그림을 남겼다. 아라이 쇼리(新井勝利)는 역사화를 주로 그린 화가로서 그림 3-2의 경우 "전통적인 기술의 틀 속에 근대적 모티브를 삽입한 것"으로 당시에 평가를 받았고, 묘법의 영향으로 기체의 무거움 등이 전혀 느껴지지 않는다.[25] 이 작품은 아라이가 1943년에 해군 보도반원으로 2개월간 라바울(Rabaul) 등 남방에 종군 기자로 활동한 결과물이다.

이와 같은 그림은 전형적으로 "아무래도 지나치게 소박한 '리얼리즘'"의 결과라고 볼 수 있으며, 새로운 전쟁 무기에 대한 "기록"으로서의 그림이라고 할 수 있다.[26] 그러나 "비행기가 가지고 있는 본질적 성격 —부유감,

그림 3-1 | 후지타 류지 〈격납고(格納庫)〉(大日本航空美術協會賞), 1942년

그림 3-2 | 아라이 쇼리 〈항공모함상의 정비작업〉, 1943년

그림 3-3 | 쓰루타 고로 〈신국(神國) 병사 팔렘방에 내리다〉, 1942년

속도감—을 몰각한 것으로서 지극히 표면적, 도식적 형태의 설명에 머물고 있다"고 볼 수 있다. 즉 "상징성", "의상성"에 의한 "회화에만 허락되어지는 표현 기술"이 충분히 나타나는 그림이라고 하기 힘들다.

항공미술에 나타나는 두 번째 유형으로는 '근대전의 꽃(花形)'이라고도 불린 낙하산 부대 그리고 조종사를 묘사한 인물화 또는 군상(群像)이라고 할 수 있다. 대표적인 것으로는 그림 3-3을 들 수 있다.

이 그림을 그린 쓰루타 고로(鶴田吾郎)는 동년 5월에 이 전투의 작전 기록화를 위해 현지에 파견되었다. 그는 현지에서 낙하산 한 개를 수집하는 것으로 그쳤으나, "내지에서 상상한 파렘방 지형이 명료해졌고, 현지에서

그림 3-4 | 후쿠다 도요시로 〈낙하산(落下傘)〉, 1943년

들은 것이 보다 명확할 것이라는 것을 근거로, 머릿속에서 바로 하나의 구상이 떠올랐다"고 이 작품의 구상 과정을 밝혔다.[27] 즉 이 그림은 전투가 끝난 후에 현지에 파견되어 전쟁을 상상하면서 그린 것이다. 원경의 낙하 장면, 중경의 착지 장면, 그리고 근경의 전투장면을 배치한 구도로 마치 하나의 무대를 꾸민 것 같다. 이 그림은 대대적으로 보도되면서 "당시 일종의 낙하산 붐을 일으켰다".[28] 이 그림이 큰 인기를 얻을 수 있었던 것은 종군

화가들이 "남방"이라는 새로운 소재를 발견하면서, "강열한 태양과 공기" 속의 "서양도 동양도 아닌 부분"을 감각적으로 재현했기 때문이라고도 할 수 있다.[29] 그러나 동시에 "낙하산 부대 투입"이라는 "모티브의 근대적 성격"을 "화가가 자유로운 상상력을 구사"하여 "현대의 신화"로 승화시키는 노력이 더욱 필요하다는 평을 받았다.[30]

"화가의 자유로운 상상력을 구사"한 것으로 후쿠다 도요지로의 그림을 들 수 있다. 후쿠다는 신일본화연구회 등을 결성하여 '일본화의 모더니즘'을 추구한 화가이다. 이 작품은 기록화의 성격을 거의 갖고 있지 않다. 전투기 기체의 일부를 확대하여 상부에 위치시키고, 낙하산 부대원을 클로즈업하여 낙하 순간을 포착한 것이다. 이와 같은 "대담한 콘트라스트, 과감한 근접 시점의 이용은 일본의 전통 화법에 기초한 것"이라고 할 수 있다.[31] 이러한 "대담한 콘트라스트와 과감한 근접 시점"은 그림의 전체 구도를 불안정하게 만들었으며, 이러한 불안정성은 낙하 순간의 긴장감을 극대화하는 데 효과적으로 작동하였다고 할 수 있다. 이 작품은 "모티브에 한정, 환경 묘사의 배제, 형태의 변형이라고 말해지는 후쿠다의 독자의 경향이 관철된 것으로서, 중요해야 할 기록성이 전혀 고려되지 않았다"라고 평가할 수 있다.[32]

항공미술에서 가장 많이 나타나는 비행도, 해전도, 또는 항공전도를 세 번째 유형으로 제시할 수 있다. 이 유형에 속하는 그림을 남긴 대표적인 작가로는 나카무라 겐이치(中村研一)를 들 수 있다.

나카무라는 후지타 다음으로 많은 전쟁기록화를 남긴 것으로 알려져 있으며, 1938년 이후 여러 번 종군화가로 전쟁화를 제작하였다. 장인이 해군 소장이었던 관계로 원래 해군과 인연이 있었고, 1937년 해양미술협회 결성에도 관여하면서 이 협회의 상임 이사를 맡기도 하였다.[33] 그는 폭격기에 탑승하여 폭격 장면도 목격하였다. 그는 "비행기에서 내려다본 지상은 새로운 미술을 요구한다"고 밝혔다. 즉 "우리 시대의 것인 비행기가 우리의 미술과 대조를 이루지 않을 수 없는 이유는 어디에 있을까? 과거의 화가는 이 세계를 알지 못했던 것이다. 앞, 여, 위의 공간 외에 아래의 세계가 있다. 보다 순수하게 우리는 이 공간의 해석에 뛰어 들게 된다. 단순히 비행기 형태의 신구(新舊)를 묘사하는 것이 아니다. 새로운 세계의 표현을 위해 노력하고 있는 것이다".[34]

나카무라의 그림 중 "새로운 세계"를 상상하며, 상징과 암시를 적극 활용하여 낭만성을 극대화하여 숭고함을 느끼게 하는 "광의의 전쟁화"의 예로 들 수 있는 것은 그림 3-5가 아닐까 생각된다. 이 그림은 1944년 8월 20일 북규슈 상공에 출현한 미국의 B29기를, 당시 일본군 노베 중사가 "노베 지금 돌격(たいあたり)"라는 말을 남기고 적기에 기체 충돌을 감행한 순간을 재현한 것이다. 노베의 활약은 다음 날 신문에 크게 보도되었고, 육군은 이 사건을 육군 기록화의 화제로 선정하여 나카무라에게 위촉하였다.

이 작품의 시점은 지상에서 상공을 올려다보는 시점으로, 항공미술에서 일반적으로 나타나는 조감도와는 정반대의 시점이다. 당시 신문 기사에 게재된 사진의 시점 역시 올려다보는 것이었기 때문에 이를 참고하였을 가능성도 높다고 추측되어지고 있다. 그러나 동시에 이처럼 올려다보게 하는 시점은 자신을 희생한 노베를 추모하고, 숭고한 전사를 숭상하는 데 효과적인 구도를 만들어 냈다고도 할 수 있다.

총력전이 장기화되면서 선전의 중요한 주제로 희생이 부각되어진 것은 일본만의 경우라고 할 수 없다. 미국의 경우 전장에서 쓰러져 간 자국의 병사들을 사진으로 보도하는 것을 심하게 검열하였다. 미국은 1차 대전 내내 미국인 병사의 죽음에 관한 사진 보도를 철저하게 통제하였고, 이러한 언

그림 3-5 | 나카무라 겐이치 〈기타큐슈(北九州) 상공 노베(野邊) 중사 동체 충돌로 B29 두 대를 격추시키다〉, 1945년

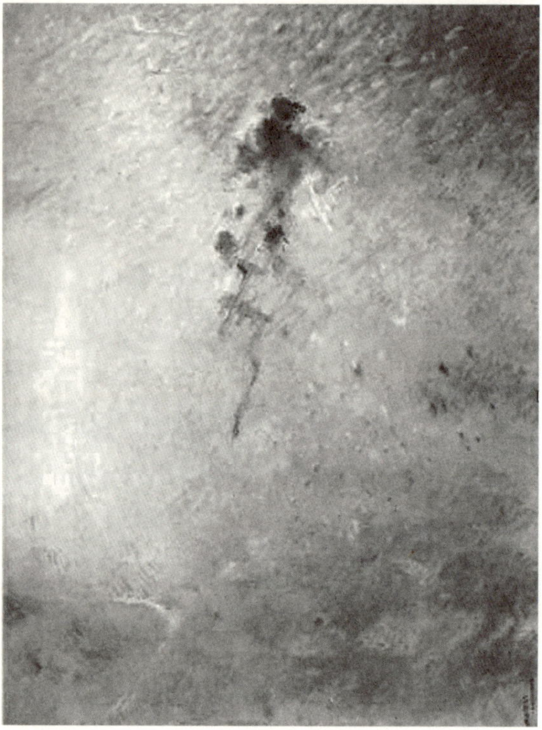

론 통제는 2차 대전 참전 후에도 21개월 간 지속되었다. 그러나 전쟁 말기로 가면서, 자국 병사의 죽음을 적나라하게 보여 주는 사진이 적극적으로 유통되었다. 이와 같은 언론 정책 변화는 전방의 실상을 직접 체험하지 않고 있는 후방에 "승리를 위해 무엇이 희생되고 있는지 이해"시켜야 하는 필요성이 전쟁이 장기화되면서 커져 갔기 때문이다.[35]

일본 정부 역시 패색이 짙어갈수록 '숭고한 죽음'을 통한 전쟁 동원 필

요성이 커져 갔다. 그림 3-5는 승리를 위해 희생된 노베의 죽음을 재확인하고, 희생을 함께 올려다보게 함으로써, 함께 기념하게 함으로써 관람자를 전쟁 공동체의 구성원으로 전환시키고 있다. 그리고 "국체"의 영원성은 희생 위에서만 가능하다는 것을 회화적으로 암시하고 있는 것이다.

4. "거짓말의 진실"로서 전쟁화

총력전에 선전의 일부로 동원된 회화는 사실성과 낭만성 사이에서 예술로 승화된 희생을 그려냄으로써 제국의 영원성을 '지금 여기'에 재현하고자 하였다. 이와 같은 "광의의 전쟁화"는 사진 또는 영화 등 기계를 매체로 전쟁을 '사실적'으로 묘사한 것들과는 달리 "거짓말의 진실(嘘の眞實)"을 드러낼 수 있는 회화만의 독특성을 강조하게 하였다. 파렘방 낙하산 부대를 기록할 목적으로 파견된 종군화가 나카야마 다카시(中山巍)는 전쟁화를 다음과 같이 설명하고 있다.

> 전쟁화는 영화도 사진도 아니고 그림이다. 즉 전투에서 느끼는 굉장한 실감이 사진 등에서는 표현되지 않는 경우가 많다. 색채가 없다는 이유뿐만 아니라 렌즈에 감광하는 것은 그 장면의 순간적인 형태와 광선만을 포착한 것이라고 할 수 있다. … (중략) … 그림은 어느 특정한 장면의 순간적 광경을 묘사하는 경우라도, 그것은 단순한 광경이 아니고 정경(情景)이며, 또 인간의 의지, 감동을 있는 그대로 표현하는 것이 가능하다. 또 한정된 화제(畵題)에서도 소위 거짓은 그리지 않는다. 이 전쟁에서 이 병기를 사용했다면, 바로 그 병기를 묘사하지 않으면 안 된다. 기후는 물론, 시간, 광선 등 모든 것이 사실이지 않으면 안 된다. … (중략) … 다른 한편, "거짓말의 진실"이라는 특수한 요소가 있는 것을 도외시할 수 없다.[36]

즉 동시대의 나치 독일의 미학을 빌어 요약하면, "예술은 사실을 다루는 것이 아니고 진실을 다루는 것이다(Art serves not reality but the truth)."[37] 그러나 전쟁화를 통해 전해지는 "거짓말의 진실"은 순수 예술이기 이전에 지극히 정치적인 선전화였다. 왜냐하면 "거짓말의 진실"은 여론 통제 속에서 이미 선택되어지고 회자되어진 잘 알려진 이야기 속에서 작동한 것이기 때문이다. 육군 및 해군의 작전 기록화, 특히 공중전, 해전, 낙하산 부대의 활약 등은 이미 신문에 보도되고, 사진으로도 동시대인에게 아주 잘 알려진 특정 전투를 선별하여 제작하게 한 것이 많았다. 전쟁화는 많은 경우 "주어진 일정의 이야기로서 작품으로 읽는 것이었고, 이러한 의미에서 전람회는 국민 전체를 말려들게 하는 스펙터클의 정점"이기도 하였다.[38] 태평양 전쟁기의 공중전 또는 폭격기에 의해 적군의 함대를 침몰시키는 그림들은 "청상함", "상쾌함", 나아가 "해방감"을 느끼게 한다는 것이 당대의 평가였다. 이러한 감정은 비행기라는 혁신적인 소재에서 오기도 했지만, 태평양전쟁이 "미국, 영국, 네덜란드 등 서양제국을 적으로 한" 것이었고, "이 새로운 전쟁이 서구 열강으로부터 아시아의 해방이라는 '대의'를 단번에 부상하게 한 것"에서 온 것이기도 하다.[39]

이처럼 선택된 "거짓말의 진실"을 통해 전쟁화가 추구한 것은 예술을 통한 일본 국체의 영원성이다. 이러한 영원성은 인간 유한성 그리고 전쟁에 필수적으로 수반되는 죽음을 예술로 승화함으로써 가능해졌다. 특히 회화는 사진과 달리, 현재의 삶을 온전히 보존하는 기능을 효과적으로 수행하기 때문에 영원성을 재현하는 데 유용하였다. 왜냐하면 사진은 "현재의 증명서이지만, 미래가 없는 현재", 즉 "삶을 보존하려고 하면서 죽음을 생산하는"[40] 반면에, 그림은 "그 안에 내재된 영원성의 가치가 수여된, 지속되는 체험"이라고 할 수 있기 때문이다.[41] 이처럼 전쟁화는 "거짓말의 진실"

이라는 미학을 통해 죽음을 극복하는 불멸의 영혼, 즉 "일본 정신"을 그리고자 하였으며, 이를 통해 일본 제국은 영원하다는 현대적 신화를 만들어 내고자 했다.

4장

전쟁화를 그린 여성화가

하세가와 하루코(長谷川春子)와 여류미술가봉공대(女流美術家奉公隊)

기타하라 메구미(北原惠)

1. 잊힌 제국의 페미니스트

1932년 가을 어느 날 중국 동북부 육도하(六道河)에서 일본군과 중국 게릴라의 전투가 시작되었다. 같은 해 3월에 괴뢰 정권인 만주국이 건국되었지만, 격렬히 저항하는 항일세력과 일본군의 군사충돌이 반복되는 중이었다. 이때 일본군에 동행하고 있던 일본인 화가가 갑자기 전장으로 변한 현지에서 남긴 글이 있다. 일부를 소개하고자 한다. 육도하 요새에서 부사관, 통역과 식사하는 도중 '비적(匪賊)'이 가까이에 나타났다는 통지가 온 장면에서부터 이어지는 문장이다.

> 확인하기 위해 간 공안부대는 떨면서 돌아와 무서워서 더 이상 앞으로 갈 수 없었다고 솔직히 고백한다. 거기에서 바로 기관차에 실었던 야포는 작업장에 남기고,

그 참호 속에는 병사 몇 명이 남아 부사관 이하 수 명과 기관총을 갖고 출동. 나는 어디에 남을 것인지 질문을 받았다. 위험도는 어디나 마찬가지다. 그럼 부사관을 따라 전쟁 구경을 가보자 (방점은 인용자).

이어지는 글에서 화가 일행은 "기관총 사수가 떨며 슬픈 듯이 호소하는 것을 좀 달래서 격려하여 전진시키고", '비적'을 격퇴시키고 돌아온다. 이 짧은 글에서 우리는 무엇을 읽을 수 있을까? 군인과 하나가 된 민간인 화가가 공안부대나 기관총 사수 등의 일반군인보다 더 용감하고, '비적' 등도 전혀 무서워하지 않으면서, 전장을 "구경"하는 기분으로 파악하는 호방탕락한 자신을 보여 주려는 태도를 읽을 수 있다. 그런데, 이 글을 읽은 독자는 필자인 화가에 대해 어떤 모습을 상상했을까? "한번 부사관을 따라 전쟁 구경을 가보자"라고 말하며 여유를 보이는 모습에서, 전장 경험을 쌓아 겁내지 않는 용맹스러운 중년 화가를 떠올렸을까? 어쨌든 남성 화가를 떠올리지 않았을까?

이 글을 쓴 필자는 하세가와 하루코. 여성화가다. 하세가와 하루코(1895~1967)는 1930년대부터 1940년대에 걸쳐 일본군의 해외침략 확대에 맞추기라도 하듯이 전장을 돌아다니고 일본군의 '활약'을 멋진 문장과 그림으로 전했던 화가다. 방문한 전장은 만주, 몽골, 중국 남부전선, 해남도, 프랑스령 인도차이나(하노이) 등 중국 북동부에서 동남아시아에 걸쳐 있다. 또한 아시아·태평양전쟁 말기가 되면 '여류미술가봉공대'라는 여성화가들만의 단체를 결성하고 자신이 위원장이 되어 적극적인 전쟁협력에 나섰다.

그는 다수의 저서도 남겼다. 화업을 시작하고부터 1945년 패전까지 출판한 단독저서만 해도 『하세가와 하루코 소품집(長谷川春子小畵集)』(1935

년), 『만주국(滿洲國)』(1935년), 『희화만문(戲畵漫文)』(1937년), 『북중국몽골신강전선(北支蒙彊戰線)』(1939년), 『남쪽 처녀지(南の處女地)』(1940년), 『동아시아 여기저기(東亞あちらこちら)』(1943년)이 있다. 그 저서 수는 당시 여성 작가 가운데는 발군의 다작이었다. 1930년대에는 이미 유명인이었던 하루코의 문장이나 이름이 신문, 잡지 등 매스미디어에 잇따라 등장했다. 하루코는 당시 유력 미술가단체인 국화회(國畵會)를 중심으로 화단에서도 착실히 실적을 쌓음과 동시에 여성들만의 네트워크에도 일찍부터 참여하였다. 하루코의 언니는 여성 창작발표의 장이었던 『여인예술(女人藝術)』을 주재한 유명 극작가 하세가와 시구레(長谷川時雨)다. 그 네트워크 속에서 여성끼리의 연관을 중요시하여 여성들만이 그릴 수 있는 그림에 도전하자고 제안하여 '칠채회(七彩會)'라는 여성만의 미술가 그룹을 조직했다. 시구레가 1939년에 결성한 '빛나는 부대(輝ク部隊)'나 그 후 전황이 일본에게 불리하게 되어가는 중에 하루코가 결성한 '여류미술가봉공대(女流美術家奉公隊)'는 후방의 전쟁협력 활동을 명확하게 표방한 단체로, 하세가와 하루코를 중심으로 한 여성들만의 모임이다. 제국의 페미니스트로서 제국주의 확장을 위해 활동한 것이다.

1945년 일본의 패전 이전에는 신문이나 잡지 등 매스 미디어에서 언제나 화려하게 활약하고 그 행동이 주목의 대상이었음에도 불구하고, 하루코는 사후 오랫동안 잊혀졌다. 최근에야 겨우 일본의 미술사 연구자들에 의해 그 전쟁기 행적이 밝혀지고 있다. 그러나 아직도 그의 이름을 모르는 미술사 연구자도 틀림없이 많을 것이다.

하세가와 하루코는 왜 잊혀진 것일까? 문학 분야에서 일본군에 종군한 여성 작가 하야시 후미코(林芙美子), 요시야 노부코(吉屋信子) 등에 관해서는 최근 연구가 활발하지만, 종군화가인 하세가와 하루코에 대한 연구는 적다. 이와 관련해서는 첫째, 전후 일본 학계에서 전쟁화 연구 자체를 기피한 것에서 원인을 찾을 수 있다. 전시기 문학 연구와는 대조적으로 일본의 근현대 전쟁화에 대한 연구는 아카데미즘의 영역에서는 전후 기나긴 세월 동안 기피되었고, 주로 하리우 이치로(針生一郎) 등 재야 미술비평가나 예술가 기쿠하타 모쿠마(菊畑茂久馬) 등에 의해 이루어져 온 역사를 갖고 있다.[1] 미술사학자 다나카 히사오(田中日佐夫)가 메이지(明治)시대 이후 전쟁화의 역사를 1980년대에 체계화하고, 역사학 분야에서는 오자와 세츠코(小澤節子)가 아방가르드의 전쟁 체험을 연구하는 정도였다. 미술사학 분야에서 본격적으로 연구 발표가 시작된 것은 전후 50년을 맞이한 1995년 미술사학회에서의 전쟁화를 주제로 한 심포지움 〈전쟁과 미술(戰爭と美術)〉이 개최될 무렵이다. 당시에는 일부의 미술사 연구자로부터 전쟁화를 다루는 것이 '피비린내 난다'고도 평해지기도 했다.

둘째, 전쟁화 분석에서 젠더 개념의 중요성에 대한 인식이 1990년대에 나타나기 시작했다. 1995년 학술회의를 계기로 와카쿠와 미도리(若桑みどり)들에 의해 전쟁을 둘러싼 시각표상을 분석할 때의 젠더 개념의 중요성이 강조되었다. 이것은 전쟁화 제작을 계기로 대화면에 의한 구성이 발전했다(河田明久)는, 이전까지 논의되던 화가의 전쟁책임론과는 다른 시점이었고, 그 후 연구가 진전되는 새로운 계기가 되었다.[2]

이와 같은 흐름 속에서 전쟁화 연구는 계속되었다. 종래에는 전쟁화와의 연관이 약하다고 인식되어 온 '일본화'의 역할을 새로이 규명하려는 시점이 제기되고(北澤憲昭 1989·2000), 국민국가에 있어서 '미술(美術)'이라는 제도의 창조를 검증하는 연구가 진행되었다(佐藤道信 1996·1999). 1990년대 중반부터 2000년대에 걸쳐서는 식민지였던 조선, 대만, 만주국의 미술에 관한 연구가 이루어지고, 패전 직후 전쟁화의 역사를 추적하는 데는 필수적인, 미국과의 거래를 기록한 GHQ 문서 등의 자료발굴이 시작되어(河田明久, 平瀨禮太) 전쟁화 연구에 있어서 지역적 확대와 자료발굴이 가속화되었다. 나아가 전쟁 관련 모티프를 사용한 키모노의 연구가 진행되는 등 연구범위도 확대되었다. 그와 동시에 소위 작전기록화를 비롯하여 전쟁화로서 취급되어 온 회화뿐만 아니라 그 주제들을 동시대 미술상황 속에서 역사적으로 재고하려는 움직임에도 진척이 있었다. 특히 여성화가에 대해서는 고카쓰 레이코(小勝禮子)가 기획한 〈달리는 여자들 - 여성화가의 전전 전후 1930~1950년〉 전시회(도치기현립미술관(栃木縣立美術館), 2001년)가 열림으로써 당시까지 망각되어, 그 존재마저도 거의 알려지지 않았던 여성화가들에 대한 새로운 조명이 이루어졌다. 전시회를 통해 그들의 활동을 전전과 전후로 구별 짓지 않고, 그 연속성을 개개인 아티스트나 미술사, 사회에서 찾아내어 미술사 속에서 새로 자리매김했던 것은 특기할 만하다.

하세가와 하루코가 중심이 된 여류미술가봉공대에 대한 연구가 등장한 것도 이와 같은 전쟁화의 사료 및 지역, 시점의 확장 속에서 일어난 일이다. 하지만, 여성 종군화가의 존재나 여성미술가가 그린 전쟁화의 존재는 대개 종래 전쟁화 연구의 주변에 위치 지어져 '전쟁화' 개념의 재검토에까지는 이르지 못하고 있다. 그리고 이들의 활동을 '예외적인' 것으로 파악하는 경향이 강하게 존재한다. 과연 하세가와 하루코와 같은 여성 종군화가의 존재는 '예외'로서 다루어져도 괜찮은 것일까? 예외로 취급함으로써 무엇이 은폐되는 것일까?

2. 하세가와 하루코와 전쟁

1) 탄생에서 프랑스 체류까지

아시아·태평양전쟁기에 각지의 전장을 돌아 다녔고, 미디어의 총아이기도 했던 하세가와 하루코는 어떤 여성이었는가? 하세가와 하루코는 1895년 2월 28일 도쿄 니혼바시(日本橋)의 변호사였던 아버지 하세가와 후카조(深造)와 어머니 다키(多喜) 사이에서 7형제의 막내로 태어났다. 그의 아버지는 에도(江戸)시대 말기 메이지시대 초기 도쿄의 광경을 그린 책을 남길 정도로 그림에 소질이 있었다. 하루코는 어릴 적부터 그림이나 대중문화와 친숙한 환경에서 자랐다. 후타바고등여학교(雙葉高等女學校) 졸업 후에는 어머니가 경영하는 요정의 보조로 일했지만, 25살 무렵 언니 시구레의 권유로 본격적인 화가수업을 시작했다. 일본화를 가부라기 기요카타(鏑木清方)에게, 그 후 서양화를 우메하라 류자부로(梅原龍三郎)라는 화단의 유력화가들에게 배우는 축복받은 출발이었다. 1928년 7월 언니 시구레가 여성의 창작 발표의 장을 만들고자 기획한 잡지 『여인예술(女人藝術)』(1928~32년)을 창간하자 하루코는 바로 그 미술 부문을 담당하고 삽화나 표지화 외에 전람회비평이나 인터뷰기사 등의 문장을 적극적으로 쓰기 시작했다. 구태의연하고 변하려 하지 않는 보수적인 문화에 대해서는 상대가 남성이든 여성이든 가리지 않고 비판하고 도발했다.

『여인예술(女人藝術)』의 창간호 표지는 여성으로서는 처음 이과회(二科會) 회우(會友)가 된 하니하라 구와요(埴原久和代)가, 제2호를 하세가와 하루코가 그렸다.[3] 하루코는 잡지 『여인예술(女人藝術)』을 통하여 얻은 여성이나 문화인의 네트워크 속에서 일찍부터 작품발표의 기회와 그것을 전하는 미디어를 만날 수 있었다. 동시에 그것들의 창출에 기여할 수 있는 입장이 되기도 하였다. 『여인예술(女人藝術)』이 창간된 이듬해인 1929년 3월 초순 하루코는 막 출판한 『하세가와 하루코 소품화집(長谷川春子小畵集)』(日佛 2개국어판)을 들고 영국 배로 단신 프랑스 여행을 떠났다. 파리에 도착할 당시 일본에 보낸 편지에서 "어쨌든 본고장의 유화에 맞서는 확실한 그림이 아니고 얕은 일본화로는 파리에서는 이름을 얻을 수 없으니 열심히 하겠습니다"라고 썼다. 그 문장에서는 유화를 "얕은 일본화"보다는 상위에 있는 것으로 간주한 당시 하루코의 미술관(美術觀)을 살펴볼 수 있다.

파리에서는 이미 화단에서 활약하고 있던 후지타 쓰구하루(藤田嗣治)가 화상이나 화랑을 소개해 주어 1929년 12월 생제르맹 데 프레에 있는 쟈크 화랑에서 개인전을 열기도 했다. 하지만 파리에 대한 동경은 일찍 실망으로 바뀌고 말았다. 당시 하루코는 일본으로 보낸 편지에서, 일본에 있을 때부터 나가이 가후(永井荷風)의 소설 『프랑스이야기』나 프랑스 명화를 보았기 때문에 프랑스에 대한 동경이 너무 강했지만, 프랑스에 가보니 "도시는 너무 낡았고" 길에 서 있는 입상은 "평범하기 그지없는 태작"이며 "도시에 쇠퇴의 분위기와 수리 안된 곳이 눈에 띄었다"고 실망감을 드러냈다. 그리고 "도쿄에, 일본에 타오르던 진홍의 불꽃에서, 불 옆에서, 느낄 수 있는 공기의 움직임이 여기에는 없습니다"라고 전하고 있다.[4]

하루코는 2년 동안의 프랑스체류를 끝내고 홀로 시베리아 횡단 철도를 이용하여 1931년 3월 귀국했다. 귀국 후 그는 바로 도쿄에서 활동을 개시했다. 같은 해 4월 유화 스승 우메하라 류자부로가 속해 있던 국화회 6회전에 출품하고, 11월에는 유럽 체류시절에 그린 작품을 도쿄 사치화랑(幸畵廊)에서 열린 개인전에서 공개했다. 하루코의 활동은 신문에도 보도되고, 점차 미술계는 물론 언론계에서도 관심을 가졌다.

2) 최초의 전장 체험 - 만주와 몽골 1932년

하세가와 하루코가 최초의 본격적인 전장 체험을 한 것은 1932년 가을 만주와 몽골에서였다. 신문사 촉탁기자라는 직함을 얻어 만주와 몽골을 방문한 하루코는 일본군 장갑차에 동승하여 신경(新京, 지금의 長春), 돈화(敦化), 내몽골(內蒙古) 백음태래(白音太來), 흑룡강성(黑龍江省) 연화(綏化), 해륜(海倫), 하얼빈, 봉천(지금의 瀋陽), 대련(大連) 등을 돌아다녔다. 신경에서 돈화로 가는 도중 항일 무장세력을 만난 경험담이 이 글 처음에서 소개한 인용이다. 하루코는 최초의 전장 체험 저서 『만주국(滿洲國)』(1935년)으로 출판했다.[5]

하루코가 중국 동북지역을 방문한 때는 일본의 중국 침략으로 국제적인 긴장관계가 한창 고조되고 있던 시기였다. 1931년 9월 만주사변 발발 후 만주 전역을 점령하기 위해 진격한 관동군은 이듬해 3월 1일 만주국 건국을 선언하고, 청나라 마지막 황제 푸이(溥儀)를 집정으로 임명했다. 이러한 움직임에 대해 1932년 4월에서 6월에 걸쳐 국제연맹 릿튼 조사단이 만주국을 조사하여 그해 10월 일본의 군사 행동을 침략으로 단정한 보고서를 공표하였으나 일본은 이에 불복하고 국제연맹을 탈퇴했다. 그리고 그 후 중일전쟁에 이르게 되었다.

당시 하루코가 막 건국한 만주국에 대해서는 어떤 꿈과 사명감을 품고 있었는지는 그의 다음 문장을 읽어보면 분명해진다.

> 자신 있는 자는 만주에 가라. 지혜에 기술에 앞선 자본, 일본의 품은 당분간 이 즐거움과 보람 있는 어린 형제나라 양육에 프로엄마의 고생을 맛보지 않으면 안 되는 것도 우리들이 각오한 일.

일본을 '프로엄마'로, 만주를 어린 동생으로 간주하고 그것을 키우는 일이 즐겁고 보람 있지만, 고생도 각오하고 있다고 말하고 있다. 이 문장에서 일본을, 만주를 키우는 주체로 파악하는 하루코의 만만찮은 결의가 전해져 온다. 하루코의 저서 『만주국(滿洲國)』 속에는 전부 39페이지의 짧은 만주몽골 방문기가 실려 있고, 기행문과 함께 하루코가 직접 그린 13장의 삽화도 실려 있다. 글에서는 일본의 점령으로 변화한 만주 몽골의 광경이나 항일 무장세력의 위협에 노출된 생생한 경험이 서술되어 있지만, 하루코의 삽화는 단순한 풍경묘사에 머물러 있지 않다. 이들 그림에서 특징적인 것은 하루코 자신의 모습이 빈번하게 그려진 점이다. 예를 들면 처음 만주 몽골을 방문했을 때의 삽화에는 항일게릴라가 출몰하는 길림성에서 무개열차를 타고 돈화(敦化)로 이동하는 일본병사들이 그려져 있지만, 화면을 잘 보면 일장기를 선두로 하여 총을 들고 사방팔방을 경계하는 병사들 한가운데서 빼꼼 얼굴을 내민 하루코의 모습이 있다. 혹은 방문지에서 신분의 의심을 받아 일본군 관계자의 소개장과 신문사 촉탁 명찰로 신분을 증명하는 장면, 내몽골지역을 마차로 질주하는 하루코, 중국 군인 마점산(馬占山)의 근거지였던 해륜(海倫)지역을 단장 뒤를 따라 늠름하게 입성하는 하루코(그림 4-1), 봉천의 호텔을 찾아온 가와시마 요시코(川島芳子: 청조 재건을 위해 일본군의 첩보 활동을 도운 청조 왕녀. 본명은 愛新覺羅顯玗)와 군인을 맞이하는 하루코가 있다.

어떤 때는 일본군의 행진광경을 현지인들과 지켜보고, 어떤 때는 일본군의 대열 속에 섞여 함께 행동하는 등 하루코는 언제나 일본군과 동행하며 공감하면서 그들을 관찰하고 있었음을 알 수 있다. 이들 그림에서 특징적인 것은 여성(=하루코)이 ① 대부분의 장면에서 뭔가 동작을 보이고 있다는 것, ② 바지나 일본복장이 아니라 전부 스커트나 원피스 차림의 양복이

그림 4-1 | 하세가와 하루코, 〈해륜(海倫) 입성〉 1939년

라는 것, ③ 남성군인들과 함께 그려진 장면이 많다는 것이다.

만주 몽골 기행문에서는 삽화의 숫자가 많은 것도 눈에 띄지만, 그림 속에 자신의 모습을 그려 넣는 빈도는 같은 『만주국(滿洲國)』에 실린 프랑스, 도쿄에서의 생활을 서술한 에세이나 후일의 기행문 삽화에 비해 두드러진다. 파리에서는 없었던 '진홍의 불꽃'과 '불 옆에서 느끼는 공기의 움직임'을 전시 하의 만주에서 발견한 흥분과 함께, 비로소 자신이 있을 곳을 찾은 것처럼, 강렬한 자기주장이 이들 작은 삽화에 가득 차 있다. 남성 병사들과 함께 행동하면서도 여성복장을 함으로써 복장의 젠더 경계는 지켜지고, 또 프랑스에서 갓 돌아온 듯한 모던한 원피스나 모자를 착용함으로써

그림 4-2 | 하세가와 하루코 〈전장의 새벽〉, 1938

같은 아시아에 비해 근대성과 선진성을 강조했다. 그것들을 그린 하루코의 첫 저서 『만주국(滿洲國)』의 만주 몽골 기행은 바로 전쟁의 최전선 르포르타주였다.

중국 동북지역 여행에서 귀국한 하루코는 1930년대 중반 도쿄에서 정력적으로 제작활동을 전개했다. 이 시기 하루코는 국화회(國畵會)에서의 발

표뿐만 아니라 여성화가 전람회나 그룹 결성으로 바쁜 나날을 보냈다. 언니 하세가와 시구레가 주재하고 있던 『여인예술』은 하루코가 프랑스로 간 뒤에는 좌경화하여 프롤레타리아예술의 영향을 받은 내용으로 달라져 갔지만, 1932년 6월 자금난과 시구레의 병으로 폐간할 수밖에 없었다. 그러나 곧 1933년 '빛나는 모임(輝ク會)'의 기관지 『빛나다(輝ク)』로 부활했다. '빛나는 모임' 제1회 모임에서는 하세가와 시구레, 하루코 자매를 비롯하여 가미지카 이치코(神近市子), 이마이 구니코(今井邦子) 등 과거 『여인예술』 관계자들이 참가했다. 하루코는 이들 '빛나다'의 네트워크에도 참여하면서 일본에서는 최초의 여성 서양화가 단체 '주엽회(朱葉會)'에 가입하였고, 1935년 12월에 열린 여성화가만의 전람회 '여류사인전(女流四人展)'을 발전시켜 '칠채회(七彩會)'를 결성했다(멤버는 하루코, 도야마 요코(遠山陽子), 사에키 요네코(佐伯米子), 미기시 세츠코(三岸節子), 후지카와 에이코(藤川榮子), 시마 아후히(島あふひ), 하시모토 하나코(橋本はな子)이다). 하루코는 이 칠채회를 '건강하고 기세 좋은 회오리'로 부르고, "친구여, 남자가 그릴 수 없는 맛과 매력을 가진 타블로를 그려야 하지 않겠습니까? 우리들이 개척하려고 하는 아름다운 들판은 아직 무인지경입니다"라고 제안했다.[6] 거기에서는 여성미술가들만이 할 수 있는 미술상의 도전을 하려는 이상과 기개가 전해져 온다.[7]

3) 중일전쟁의 개시와 몽골·북중국, 인도차이나 최전선으로

1932년 만주 방문 이후 국내에서 활약했던 하루코가 전장으로 향한 것은 1937년 중일전쟁의 개시와 거의 동시였다. 1937년 10월 하순부터 이듬해 1월까지 『오사카마이니치신문(大阪每日新聞)』과 잡지 『개조(改造)』의 특별통신원으로서 몽골이나 중국 북부에 파견된 하루코는, 당시의 광경을 수

시로 신문, 잡지를 통해 일본으로 전달했다. 이 글들을 모아 『북지몽강전선(北支蒙彊戰線)』(1939년)으로 출판했다. 이 기간에 그는 비밀리에 계획을 추진하던 일본군의 제남(濟南)공략 광경을 보게 되었다. 귀국 후인 1938년 봄 하루코는 육군미술전람회에 〈소부국방(少婦國防)〉을 출품하였다. 또한 중일전쟁 발발 1주년을 기념하여 같은 해 7월 7일부터 니혼바시(日本橋) 미츠코시(三越)에서 시작된 '육군종군화가전(陸軍從軍畵家展)'에도 참가하여 〈정벌여행 저녁 정경(征旅夕情)〉 등 6점을 출품했다(그림 4-2). 당시의 생활을 "목하 육군미술전람회의 지방순회전 추가출품을 위해 아침 5시 반쯤에 일어나 밤 9시 반에 잠자리에 듭니다. 월말에 매실 장아찌와 위문대 2, 3개를 가지고 찾아뵙겠습니다"(『빛나다(輝ク)』 1938년 9월호)라고 쓰고 있다. 지방순회전을 위해 분주한 나날을 보내며 제작에 힘쓰던 모습이 엿보인다.

일본미술계에서는 화가들이 종군을 신청하여 군부에 접근한 것이 이 시기다. 군부는 1937년 중일전쟁 발발 직후만 하더라도 이들 종군화가를 그다지 환영하지 않았다. 그러나 1938년 봄이 되자 육군과 아사히신문사의 적극적인 관여가 시작되었다. 4월 26일 도쿄 구단(九段)의 군인회관에서 육군성 후원으로 대일본육군종군화가협회(大日本陸軍從軍畵家協會)의 발기인 총회가 열렸다. 그들은 전람회 개최나 전국 병원의 부상병 위문, 중국 북부지역 주민을 상대로 한 포스터 및 회화의 제작, 선전팸플릿의 표지 작성 등을 활동내용으로 내세웠다. 신문보도에 따르면 하세가와 하루코는 유일한 여성 발기인이었다. 그 외에는 데라모토 다다오(寺本忠雄), 시미즈 도시(清水登之), 쓰루타 고로(鶴田吾郎), 무카이 쥰키치(向井潤吉) 등 11명의 화가가 참여했다. 요미우리신문에서는 하루코의 얼굴사진이 시미즈, 무카이 등 다른 화가들의 얼굴사진과 함께 실려, 결성 당시 하루코의 존재가 두드러졌음을 알 수 있다.[8] 6월에 정식 발족한 대일본육군종군화가협회는 이듬해인 1939년 4월 마츠이 이시네(松井石根) 회장과 후지시마 다케지(藤島武二) 부회장을 필두로 하는 육군미술협회(陸軍美術協會)로 발전적 해소를 단행하였다. 그리고 아사히신문사는 그 해부터 성전미술전람회(聖戰美術展覽會)(1939·1941년), 대동아전쟁미술전람회(大東亞戰爭美術展)(1942·1943년) 등 대형 전쟁미술전람회를 본격적으로 개최하게 되었다.[9]

1939년 4월 중순 하루코는 육군성 파견으로 중국 남부로 가서 염원했던 '해남도(海南島) 여성 1등 도착'을 달성했다. 해남도에 체류한 다음 같은 해 여름 배를 타고 프랑스령 인도차이나 하이퐁에 상륙하여 하노이에 들어갔다. 육군성의 파견으로 중국 남부에 들어간 것에 대해서는 남중국파견군(南支派遣軍) 보도부가 사진집 『남지파견군(南支派遣軍)』에 실었고, 하루코가 종군했을 때 그린 것으로 생각되는 그림이 컬러 도판 〈중국 동완(東莞) 경비〉라는 타이틀로 크게 게재되어 있다.[10] 일본군 병사 한 명이 총을 한 손에 들고 늘어선 봉우리들을 내려다보며 경비를 서는 광경을 그린 이 그림에는 '우일토벌행남지군여(雨日討伐行南支軍旅)'라는 하루코의 글이 씌어져 있고, 일본군과 함께 '토벌'에 동행한 하루코의 결의가 보인다. 중국 남부 전장의 광경에 대해서는 이밖에도 6장의 스케치가 하루코의 저서 『남쪽 처녀지(南の處女地)』(1940년)에 게재되어 있다. 수기(手旗) 신호 훈련을 하는 해남도의 일본 병사들, 서강(西江) 건너편의 적진을 마주보는 일본병, 산 위의 경비병, 생선을 요리하는 병사 등을 그린 이 여섯 장의 「남지종군스케치(南支從軍スケッチ)」는 그림엽서나 잡지의 표지 등으로 유통되었다. 그 가운데 흥미로운 것은 〈물고기를 요리하는 병사〉(그림 4-3)다. 이 그림은 1939년 6월 15일에 남지파견군 보도부가 발행한 『병사(へいたい)』라는 잡지 제3호의 표지를 장식했다. 『병사(へいたい)』는 중일전쟁 중이던 1939년 5월부터 1944년까지 중국 광동에서 발행되어 전선의 병사들에게 배포된 병사

그림 4-3 | 하세가와 하루코 〈물고기를 요리하는 병사〉, 1939년

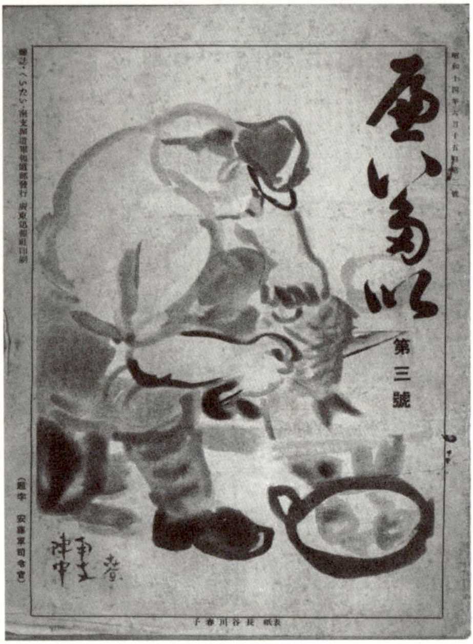

투고 잡지다.[11]

〈물고기를 요리하는 병사〉라는 테마는 '요리'라는 여성영역에 관련된 것이다. 하지만 그것이 실린 것은 전선에서 발행되어 전선에 있는 병사를 위해 배포된 전선미디어였다. 거기에는 전장에서의 젠더 경계를 둘러싼 여러 층위의 갈등이 보인다.

중국 남부와 프랑스령 인도차이나 방문에서 귀국한 하루코는 그 성과를 잡지나 전람회에 연달아 발표했다. 제1회 성전미술전람회에 〈광동성 동강전선(廣東省東江戰線)〉을 출품하였고, 제2회 성전미술전에는 내일의

전투를 위해 짧은 휴식 시간 동안 애마를 돌보는 병사의 일상을 묘사한 〈열국정벌여행(熱國征旅) - 해남도 등매(海南島澄邁)〉를 출품했다. 1940년 5월부터는 하세가와 시구레가 결성한 '빛나는 부대'의 1차 중남지방면(中南支方面) 위문단에 단장 격으로 참가하였고, 한구, 남경, 상해, 청도를 도는 '황군(皇軍) 위문 여행'을 이어갔다. 이와 같은 위문의 광경은 잡지 『빛나다』에 그때그때 보도되고 저서인 『남쪽 처녀지』나 『동아시아 여기저기(東亞あちらこちら)』에도 실렸다.

3. 여류미술가봉공대와 〈대동아전쟁 황국부녀 전원노동 그림(大東亞戰皇國婦女皆働之圖)〉(1943)

전장을 돌아다니고 있던 하루코가 다시 일본 국내로 활동의 축을 옮긴 것은 중국협력이나 군사위문에 여념이 없던 언니 시구레가 1941년 과로로 급사할 무렵이었다. 잡지 『빛나다』는 시구레의 죽음으로 그해 11월에 폐간되고 '빛나는 부대'도 해산했다. 하루코가 '여류화가보국대(女流畵家報國隊)'를 결성한 것은 그 직후다. 결성은 어쩌면 1942년 1월 초순경으로 추측되지만, 그것은 『빛나다(輝ク)』의 상실로 인한 공백을 메우듯이 설립되었다. 이 단체는 하루코 외에 후지카와 에이코(藤川榮子), 시마 아후히(島あふひ), 미기시 세츠코 등 여성화가 약 100명이 모여서 해군성에 유화를 헌납했다. 이듬해인 1943년 2월 25일 하루코 스스로가 위원장이 되어 육군성 보도부의 지도 아래 결성한 것이 여류미술가봉공대다. 이 단체에는 국화회, 문부성 미술전람회(문전), 이과회(二科會), 독립미술협회(獨立美術協會), 신제작파(新制作派), 일수회(一水會) 등 각 미술단체의 회우(會友)들이 참가

했다. 1944년 작성 명부를 보면 간부에는 위원장 하세가와 하루코를 필두로 후지카와 에이코, 미기시 세츠코, 가쓰라 유키코 등이 위원에, 그리고 봉공대원으로서 유화부 48명, 일본화부 8명, 조각부 2명, 공예부 4명, 봉공대 청년대원 48명이 올라 있다. 그 구성에서도 알 수 있듯이 멤버는 압도적으로 서양화가가 많고 오사카, 고베, 교토, 히로시마, 북경, 조선에 약간 명이 있지만, 대부분은 도쿄 거주자들이다.[12] 모든 장르를 망라한 이 정도의 대규모 여성미술가 단체는 이전까지 존재한 적이 없다.

1941년 4월 그때까지의 소학교가 국민학교로 개편되자 교육의 목적도 '황국의 도(道)에 바탕을 두고' 천황을 받드는 작은 국민이라는 소국민의 양성으로 바뀌었다. 거기에서 '소국민의 엄마들'을 대상으로 '아들을 결전'에 보내는 결의고양을 도모하는 운동이 전개되었다. 여성미술가들에게 요구된 것은 미술을 통한 이 운동의 조직화였다. 당시 미술 분야뿐만이 아니라 대규모 소년병 캠페인이 이루어진 것은 병력이 부족했기 때문이다. 1943년 5월 5일 육군은 소년병 지원의 연령을 한 살 낮추어 열네 살로 하였으며, 학생징병유예를 폐지하였고, 조선의 징병제 실시(1944년) 등 병력을 증강하기 위한 시책을 허둥지둥 제시했다. 하루코가 활동하던 여류미술가봉공대는 소년병의 용감한 훈련이나 일상의 광경을 대원들이 그려 〈싸우는 소년병〉 전시회를 개최하였다. 또한 각종 소년병학교 견학, 공장에서의 노동봉사 등의 활동을 전개하였다. 이러한 활동은 그때그때 신문에서 모범적인 활동으로 선전되었다. 특히 1943년 9월부터 도쿄에서 개최된 〈싸우는 소년병〉 전시회는 여류미술가봉공대, 육군미술협회, 마이니치신문사 등이 주최하여 1945년 1월까지 고베, 오사카, 교토, 후쿠오카, 사가, 구마모토, 가고시마, 히로시마, 나고야, 니이가타, 홋카이도 등을 순회했다.[13] 그리고 신문에서는 "규슈 미술가 100여 명이 만든 작품에 일본화, 유채화, 수채화,

소묘, 조각, 공예품 등으로 결전의 육군소년병 훈련 및 육성의 상황 그 전모를 그려 전시하였다"고 선전하였다.[14]

그들이 그린 작품에 관해서는 신문, 잡지에 발표된 삽화나 도판 외에 그림엽서가 남아 있어 그 일단을 알 수가 있다. 예를 들면 가쓰라 유키코는 연습을 끝내고 철수하는 탱크 대열을 그렸는데, 소년병의 연습이라는 것을 모르면 그것은 전선의 광경으로 오해될 정도다(그림 4-4).

그 밖에도 통신, 정비, 정렬, 측량, 방공 등의 작업이나 소년병 학교의 식당, 거실 등 일상풍경도 그려졌다. 도쿄 신주쿠 미츠코시에서 열린 〈싸우는 소년병〉 전시회는 모리타 모토코(森田元子)에게 육군대신상, 히라타 야스시(平田康)에게 마이니치신문상, 나카야 미유키에게 육군미술협회상, 아사미 쇼에이(淺見松瑩), 데라다 사카에(寺田榮枝) 등에게 여류미술가봉공대상이 수여되었다.

〈싸우는 소년병〉 전시회가 일본의 주요 도시를 순회하고 대원들이 공장에서 근로봉사에 매진하던 1943년 말, 여류미술가봉공대는 육군성으로부터 후방을 테마로 한 회화작품을 의뢰받았다. 그것을 완성한 것이 이듬해인 1944년 3월 육군미술전람회에 출품한 공동작품 〈대동아전쟁 황국여성 전원노동 그림(皇國婦女皆働之圖)〉다. 이 작품은 〈춘하부(春夏部)〉, 〈추동부(秋冬部裏面)〉, 〈일본화부(日本畵部)〉 3부작으로 제작된 듯하나 〈일본화부〉는 도상, 소재 모두 불명이다.

이 그림에 대해서 젠더의 시점에서 주목한 기라 도모코(吉良智子)의 연구(2002년)가 있다.[15] 기라는 〈대동아전쟁 황국여성 전원노동 그림 추동부〉(도쿄 야스쿠니(靖國)신사 유슈칸(遊就館), 그림 4-4), 〈대동아전쟁 황국여성 전원노동 그림 춘하부〉(후쿠오카 하코자키궁(筥崎宮), 그림 4-5)의 2점에 대해 도상의 이미지 일부를 당시 신문 잡지의 사진에서 찾아내어 전시 하의 다

그림 4-4 | 여류미술가봉공대 〈대동아전쟁 황국여성 전원노동 그림 추동부〉, 1944년

른 전쟁화나 공동제작 작품과의 비교연구를 시도했다. 그 내용에 따르면 봄여름의 정경을 그린 〈춘하부〉(240.0×300.0cm)와 추동의 정경을 그린 〈추동부〉(185.7×298.5cm)는 각각 캔버스 뒷면에 회화의 타이틀, 제작목적, 참가자 서명, 완성 월이 씌어져 있고 하세가와 하루코, 가쓰라 미유키 등이 두 작품에 관여하여 공동제작의 중심을 이루었다고 한다. 〈춘하부〉 캔버스 뒷면에는 다음과 같은 글과 합작한 25명의 이름, 그리고 쇼와(昭和)19년(1944년) 3월 초순에 완성한 사실이 기재되어 있다.

> 동아 전민족의 흥망을 결정하는 이번 전쟁에서 결전, 승리가 다가온 이때에 황국의 부녀가 총을 잡는 남성을 대신하여 모든 부문에서 모두 일하는 정황을 합작하여 후대의 기록으로 삼고자 집성묘사한 것으로, 이 합작양식을 창의, 고안함으로

그림 4-5 | 여류미술가봉공대 〈대동아전쟁 황국여성 전원노동 그림 춘하부〉, 1944년

써 한 장면의 회화로 완성한 것은 회화 분야 최초의 시도다. (후략) …

〈추동부〉의 캔버스 뒷면에도 "총 잡는 남성에 대신하여 모든 부문에서 모두가 일하는 정황을"을 그리기 위해 24명이 합작했다고 썼다. 춘하, 추동 두 장면에 그려진 내용은 모내기나 추수 등 농업, 해녀나 제염업 등 어업, 축산업, 그리고 낙하산이나 포탄, 총검 제작 등 공장노동, 조선, 우편배달, 이미용업, 전차나 버스 운전, 밥 짓기 등에 관련된 여성노동이다. 또한 상이군인 위문, 출정병사의 무운장구를 빌기 위해 여성들이 흰 천에 붉은 실로 한 땀씩 연결하여 매듭을 짓는 천인침(千人針), 군사훈련, 야스쿠니신사에 참배하는 종군간호부, 그리고 화가들 자신인 여류미술가봉공대의 모습 등이다.

기라는 이 두 점의 유화에 그려진 이들 장면을 자세히 분석하고 〈대동아전쟁 황국부녀 전원노동 그림〉의 특징을 다음과 같이 정리했다. 전투기 생산이나 선반공, 포탄 및 총검 제작, 낙하산 제조, 종군간호부의 모습 등 전쟁수행에 직접 관여한 노동장면이 크게 그려져 가장 찬미된 점, 태양이나 일장기, 후지산 등의 모티프가 '신국일본(神國日本)'을 찬양하고 국가권력의 시선을 구현한 점, 그리고 그려진 여성상이 가정을 지키고 강한 아이를 키우는 종래의 후방 여성상에는 찾아볼 수 없는 봉공대의 자화상으로서 표상된 점이다.

여류미술가봉공대는 그 후에도 1944년 8월 도쿄에서 〈승리의 소년병〉 전시회를 개최하고, 곧 도호쿠(東北)지역을 순회했다. 그러나 이듬해인 1945년 봄 도쿄 대공습 이후에는 멤버들이 지방으로 소개(疏開)하고, 육군미술협회 내에 있던 봉공대의 사무소도 하세가와 하루코의 자택으로 옮기는 등, 거의 활동할 수 없는 상황이 되었다. 그래도 같은 해 5월 도쿄 역에서 〈명랑감투회화전(明朗敢鬪繪畫展)〉을 봉공대가 개최하고 1, 2등 대합실에 하세가와 하루코의 작품 〈신국(神國)머리띠〉 외에 50여 점이 전시된 사실이 『요미우리신문』 5월 23일자 조간에 사진과 함께 실렸다. 그로부터 3개월 후 이들은 패전을 맞이했다.

여성화가들은 패전 후 얼마 지나지 않은 1945년 12월 도쿄 미츠코시 니혼바시점에서 여류미술가협회전을 개최하는 등 곧바로 활동을 재개했다. 그리고 1947년에는 '여류화가협회'를 결성하였다. 하루코는 창립에 참여하도록 권유받았지만 고사하였다. 전후 하루코는 멋진 문장을 계속해서 쓰고 무리한 독설을 앞세워 미디어에도 등장했지만, 그에게서는 더 이상 전쟁기와 같은 기세는 찾아볼 수 없었다. 만년에는 54장면으로 이루어진 〈겐지(源氏)이야기 그림두루마리〉를 완성하여 평생 동안의 여성작가에 대한 하루코의 공감을 표현한 듯하다. 사후 그의 〈겐지(源氏)이야기 그림두루마리〉는 규슈 하카타(博多)의 하코자키(筥崎)신사에 헌납되었다.

4. 여성 전쟁화가의 전후: 경계침범과 상징질서의 회복

오늘날 우리는 전시기 일본 여성화가들의 활동을 어떻게 생각해 볼 수 있을까? 일본군과 종군하면서 전장을 돌아다닌 하루코는 전쟁화 역사 속에서 예외적인 존재인 것일까? 그렇지 않다. 왜냐하면 하루코의 활동과 표현은 경계를 침범하고 넘나드는 면에 주목해서 보면, 젠더, 민족, 계급, 국경, 전선과 후방의 초경계성이 기존의 질서를 뒤흔들 가능성을 가지고 있기 때문이다. 또한 전시 하 미술체제 구축에 기여하고, 강화한 측면이 있기 때문이다.

여기서는 여성 종군화가로서 하세가와 하루코의 활동과 작품을 월경성(越境性), 공공성(公共性), 패전 후의 망각이라는 세 가지 측면에서 생각해 보려 한다. 첫째, 하세가와 하루코의 경계침범과 월경성(越境性)에 대해서다. 그는 왜 집요하게 전장에 갔고 계속 그것을 그린 것일까? 이와 관련해서 그가 전장에서 중얼거린 말들이 힌트를 준다. "전쟁은 참 좋아. 여러 사람을 만날 수 있으니…", "완전히 모든 계급과 직업, 또 일본 각 지방의 사람들과 만났다. 그리고 보통 때와는 달리 모두가 서로에게 그리움을 느끼며…"[16] 보통 때는 만날 수 없는 계급, 직업, 지역의 사람들과 만날 수 있는 장 — 그것이 하루코에게는 전쟁이었다. 물론 바로 그 계급, 성별 차이, 민족 차이에 의해서 전장이 구성되지만, 하루코는 마치 그것들의 경계를 넘어선 것처럼 해방감과 자유의 기쁨에 빠져 있다. 그리고 만주에서부터 시작된 전선방문에서도 처음에는 프랑스에서 갓 돌아온 모던한 스커트 차림이었지만, 점차 바지차림으로 바뀌고, 총을 든 남성과 마찬가지로, 아니 남성보다도 용감하게 설쳐대는 자신을 적극적으로 표현했다.

지금까지의 연구에서는 전쟁화는, 남성은 전방 / 여성은 후방이라는 명확한 그림주제의 구분이 있다고 지적되어 왔다. 그러나 하루코가 1937년부터 1939년에 걸쳐 중국 북부 및 남부의 종군에서 그린 회화나 스케치는 더 이상 '후방'에 머물러 있지 않다. 그렇다고 해서 총격전 등 격렬한 전투 장면을 그린 회화가 남아 있는 것은 아니다. 또한 젠더에 의한 그림 주제의 구분이 있다는 것도 알 수 있다. 그러나 그가 전방에서 상관에게 보고하는 전달병의 모습을 그린 스케치는 명확히 '전방'의 광경이다. 일본군에 의한 남경 점령을 테마로 한 제1회 성전미술전람회 출품 유화 〈광동성 동강(東江)전선〉이 다룬 것도 '전방'을 정점으로 하여 '후방'으로 이어지는 그림 주제의 위계에서 가장 높이 있는 '전방'에서였다.[17] 그러나 '전쟁기록화'가 남성화가에 의해서만 그려지고, 이런 전쟁화가 위계질서의 최정점으로 공식화되었다. 이후 하루코는 전선을 묘사한 화려한 작업으로부터 스스로를 후퇴시키고, 위문 등 총후의 치어걸의 역할에 전념하였다.

둘째, 여성화가가 묘사한 행위가 국가에 의해 부여받은 점이다. 1940년에 하루코는 '빛나는 부대' 위문단의 단장 격으로 중국 전장을 순회하고는 '내지(內地)' 일본에 머물러 여류미술가봉공대 등 '후방' 활동에 전념하게 된다. 이를 통해 여성 양화가를 중심으로 한 이 대규모 단체의 활동은 군부의 용인 아래 공적인 활동으로서 인지된 것이다. 그와 같은 일련의 활동은 여성이 그린 전쟁화(특히 양화)가 국가와 사회와의 접점을 갖고 공적인 존재로서 간주될 수 있었던 것의 의미에 주목한다면, 1990년대 이후 제기되어 온 것과 같은, 일본 근대회화에 나타난 화면대형화라는 발전사의 시점만으로는 파악할 수 없을 것이다. 그러나 전쟁기에 국가와 사회와의 접점을 가진 공적 존재로 '승격'되었기 때문에 여류미술가봉공대를 이끈 하세가와 하루코는 패전 후 가장 먼저 소거되고 망각되지 않으면 안 되었다. 이 점이 세 번째 문제인 망각의 문제로 이어진다.

1945년 12월 여류미술가봉공대에서 활약한 멤버들은 벌써 도쿄에서 전시회를 개최하였지만, 이 여류미술가협회전을 당시 미디어는 다음과 같이 보도했다. "여류미술가봉공대가 단체 색깔을 다시 새롭게 하고 있지만, 특별한 가장이 필요없는 이번 전시가 말할 것도 없이 여성다운 활동으로 호감이 간다" (방점은 인용자). 이어서 봉공대의 활동은 회화 표현으로서는 미숙하고, 인물묘사나 구성이 빈곤하다고 비판했다.[18] 또한 그들의 꽃이나 정물은 "한 번 볼 만하다"고 지적하였다. 여성화가들을 여성의 영역에 가두고 만만하게 봄과 동시에 안도하는 것이다. 이와 같은 젠더화된 비평은 전쟁화를 그린 남성화가들에 대해서는 이루어질 수 없었다. 대체 미야모토 사부로(宮本三郎)나 고이소 료헤이(小磯良平)들에 대해 '남성다운 활동에 호감을 가진다'고 논할 수 있을까? 이 비평에서는 여류미술가봉공대가 전시하에 그린 회화(전쟁화)를 전부 기술이 모자라고 미숙하다고 일괄할 뿐 아니라, 원래 여성의 본분에 맞지 않는 '특별한 가장'이 필요하다고 단정한다. 여성화가의 경우 그들이 전쟁화를 그린 사실에서 몇 겹으로 분절화하여 분리시킴으로써 비로소 '한 번 볼 만하다' 정도의 대우를 받을 수 있었다.

이처럼 젠더화된 공격과 소거는 종군한 여성병사에 대해서도 나타난다. 귀환병이라는 존재는 전쟁과 평화라는 경계적 지위를 계속 가짐으로써 전후사회에 있어서는 경계를 교란시키는 '초대받지 않은 손님'이라고 지적되었다. 그러나 여성 귀환병은 평화의 상징을 한편에서 짊어진 여성이고,

더욱이 극한의 폭력을 뚫고 귀환해 버렸기 때문에 '평화의 침해자'가 된다. 여자, 병사, 귀환이라는 세 가지 성격으로 인해 몇 겹의 경계 침범자가 된 것이다. "전시 하의 비상성이 사라지고 상징질서가 회복되면 전장에 간 여성, 무기를 가진 여성이라는 존재는 여성 아닌 여성, 즉, 남/녀의 안정된 대립항으로부터 일탈한 존재"가 되는 것이다.[19] 하루코는 소위 '여성병사'는 아니었지만, 군대의 요청에 응하여 전선에 갔고 총을 가진 채 전장을 돌아다녔다. 그 하루코의 활동과, 전후에 이루어진 묵살의 의미를 생각하면 이들 귀환병을 둘러싼 논의는 중요한 시사점을 던져 준다.

패전 후 일본미술계는 후지타 쓰구하루 등에 대한 전쟁책임을 추궁하는 논의가 일어나 후지타는 쫓기듯이 일본을 떠나 프랑스에서 생활하게 되었다. 그러나 그 외의 서양화가나 전쟁찬양, 천황을 옹호한 일본화가 요코야마 다이칸(橫山大觀) 같은 이들은 면죄되어 화단의 중추적 존재로 살아남았다. 한편 여성화가들에 대해서는 '가장된' 그림을 그렸다고 해도 그 전쟁화는 하루코를 제외하면 공적인 논의의 대상도 되지 않았다. 단지 그들에게는 '여성다운' 영역에서의 활약이 기대되었던 것이다. 아이러니컬하게도 후지타는 프랑스에 가 버렸기 때문에 '안전한' 존재가 되었고, 그래서 일본인 속에서의 완전한 망각을 면했다. 종전 후 20년을 경과한 1960년대 중반경부터 조금씩 시작된 전쟁화 연구는 어떤 의미에서는 후지타를 망각의 늪에서 소환하여 구해 내는 작업이었다고도 할 수 있다.

끝으로 이후의 전쟁화 연구의 과제를 제시하면서 맺음말을 대신하고자 한다. 하세가와 하루코를 포함한 여성화가와 전쟁의 연관을 동시대의 세계사적 시점에서 볼 필요가 있다. 전쟁화의 역사에 대해서 논할 때 성전미술전람회나 대동아미술전람회 등 대규모 미술전람회에 대해 반드시 언급하지만, 대부분의 연구는 도쿄에서 이루어진 전시만 다루는 경우가 많다. 많은 전람회가 이른바 '내지'뿐만 아니라, 조선, 만주, 대만을 순회한 사실은 거의 주목받은 적이 없다. 또한 여류미술가봉공대가 〈대동아전쟁 황국부녀 전원노동 그림〉을 공동제작하기 1년 전인 1943년 6월에는 경성에서 '미술보국(美術報國)'을 위해 설립된 단광회(丹光會)가 〈조선징병제 실시 기념화〉라는 작품을 16인이 공동 제작하여 조선군 사령부에 기증하였다. 당시 단광회의 회원으로는 일본인 남성, 조선인 남성, 일본인 여성이 활동하였던 만큼, 일본인 여성이 그린 전쟁화 주제는 후방에만 국한된 것이 아니었다.

전쟁을 그린 여성화가에 대한 연구는 막 시작되었지만, 2011년에는 런던의 제국전쟁박물관(Imperial War Museum)에서 〈여성전쟁미술가(Women War Artists)〉 전시회가 열려 제1차 세계대전부터 현대까지 여성화가들에 의해 그려진 전쟁화가 소개되었다. 전시회 카탈로그에 따르면 영국에서는 1916년에 공식 전쟁화가 제도가 생겨나 47명 가운데 4명의 여성이 포함되어 있었다. 그 비율은 증가하여 제2차 세계대전 당시 제국전쟁박물관에 모인 전쟁화 작가 400명 가운데 52명이 여성이었다고 한다.[20] 그 사실이 하세가와 하루코 등을 예외적 존재로 간주할 수 없고 향후 여성 전쟁화가의 활동에 대한 국제적 공동연구가 필요한 이유다.

5장

전쟁과 일본 조각 1937~1945

다나카 슈지(田中修二)

1. 세대

근대 일본 조각사에서 쇼와(昭和) 10년대와 거의 겹치는 1937년에서 1945년까지가 중요한 것은 분명하다. 그것은 단순히 조각이 전쟁과, 혹은 당시의 국가체제와 강하게 결부되어 있어서만은 아니다. 그와 함께 당시 논의되고, 확고해진 가치관이 근대 일본조각의 존재방식 그 자체를 규정할 정도의 영향력을 후대에까지 미쳤기 때문이다. 그리고 그 확고한 가치관은 근대뿐만 아니라, 고대로부터의 일본조각사 틀 전체에까지 투영되기도 하였다. 이 점을 검토하기 위해서라도 우선 당시 활약한 조각가 세대라는 점에 주목해 보고자 한다. 왜냐하면 이 글에서 출발점이 된 1937년 경은 조각계에서 커다란 세대교체가 거의 완료된 시기에 해당하기 때문이다.

다이쇼(大正) 말년부터 쇼와 초기 10년 동안에 메이지(明治)시대부터 활약한 장로 격 조각가들이 잇따라 세상을 떠났다. 1925년에는 요네하라 운카이(米原雲海)가 57세로 사망했고 2년 후에는 메이지시대 후기부터 서양풍 조각을 대표하던 신카이 다케타로(新海竹太郎)와 기타무라 시카이(北村四海), 그리고 원래 조각가였지만 이후 평론가 및 미술사학자로 활약하며 '조소(彫塑)'라는 단어를 만들어 낸 오오무라 세이가이(大村西崖)가, 그 이듬해에는 오오무라와 동급생으로 도쿄미술학교 출신 서양풍 조각가 1호인 시라이 우잔(白井雨山)이 타계했다. 1934년에는 공부미술학교 출신의 최초 서양풍 조각가 오오쿠마 우지히로(大熊氏廣)와 후지타 분조(藤田文藏), 그리고 목조계 중진 다카무라 고운(高村光雲)이 세상을 떠났다. 한편에서 그 시기에는 한창 일할 나이로 지도적 위치에 있었던 조각가들이나 개성적인 소장·중견 작가도 여러 명이 사망했다. 전자에는 예를 들어 로댕에게 직접 배워 이과회(二科會) 조각부를 이끈 후지카와 유조(藤川勇三), 일본미술원의 도바리 코간(戶張孤雁) 등이 해당된다. 후자에는 호리에 쇼시(堀江尙志), 하시모토 헤이하치(橋本平八), 요 칸지(陽咸二), 기무라 고로(木村五郞) 등 1935년에 사망한 조각가들을 들 수 있을 것이다.

이리하여 뒤에 남은 주요 조각가들을 연령순으로 들어 보면 다음과 같다(연령은 1937년 당시).

요시다 하쿠레이(吉田白嶺)(1871~1942년) 67세

히라쿠시 덴츄(平櫛田中)(1872~1979년) 66세

다테하타 다이무(建畠大夢)(1870~1942년) 58세

오구라 우이치로(小倉右一郎)(1881~1962년) 57세

나이토 신(內藤伸)(1882~1967년) 56세

후지이 히로스케(藤井浩祐)(1882~1958년) 56세

아사쿠라 후미오(朝倉文夫)(1883~1964년) 55세

다카무라 고타로(高村光太郎)(1883~1956년) 55세

기타무라 세이보(北村西望)(1884~1987년) 54세

이시이 쓰루조(石井鶴三)(1887~1973년) 51세

사이토 소간(齋藤素巖)(1889~1974년) 49세

사사키 다이쥬(佐々木大樹)(1889~1978년) 49세

하세가와 에이사쿠(長谷川榮作)(1890~1944년) 48세

호리 신지(堀進二)(1890~1978년) 48세

이 리스트는 특별한 기준을 마련해서 열거한 것이 아니기 때문에 충분하다고는 할 수 없지만, 어느 정도는 당시 조각계의 지도적 역할을 맡은 면면이 나열되어 있다. 여기서 한 가지 생각해야 할 것이 있다. 그것은 앞에서 말한 다카무라 고운 등, 즉 메이지시대부터 활약한 조각가들, 또 그 다음 세대인 신카이 다케타로 등이 1860년대까지, 즉 에도(江戶)시대 출생임에 비해 바로 위에서 든 조각가들은 거의가 메이지 10년대 이후인 1880년대 출생이라는 점이다. 다시 말하면, 일본 조각계는 1930년대 후반이 되면 1870년대 출생세대가 거의 없는 일종의 공백기였던 것이다.

물론 리스트에는 요시다 하쿠레이나 히라쿠시 덴츄가 있었고, 그 밖에도 지금의 시각에서 중요한 조각가가 없었던 것은 아니다. 하지만 격이 다른 존재인 히라쿠시 덴츄를 논외로 하면, 요시다는 만년까지 활발하게 개인전을 열고 목심사(木心社)라는 단체를 주재하는 등 주목할 만한 활동을 했음에도 조각계 전체에 미친 영향력은 미미했다. 그 밖에도 많은 동상을 만든 모토야마 하쿠운(本山白雲), 아사쿠라 후미오의 실제 형인 와타나베 나가오(渡邊長男), 저술 방면에서 활약한 미즈타니 데쓰야(水谷鐵也), 벨기

에에서 조각을 배운 다케이시 고자부로(武石弘三郎) 등의 이름을 들 수 있다. 하지만 적어도 지금까지 논의된 일본 근대 조각사 속에서 그들이 다루어진 적이 거의 없어, 이 글에서 주로 다루게 될 시기에 그들의 존재감은 미미했다고 할 수 있다.

이러한 사정은 한편으로는 메이지시대 조각교육이, 공부미술학교 조각과가 폐지된 1882년부터 1889년 도쿄미술학교 개교, 나아가서는 1898년 도쿄미술학교 소조(塑造)교실 설치와 그 이듬해 소조과 신설에 이르는 기나긴 공백과 관계가 있을 것이다. 조각가의 절대수가 적고, 또 서양의 '조각'이라는 개념이 '회화'에 비해 침투해 있지 않았던 메이지시대에 그 공백기의 의미는 컸음이 분명하다.

한편 1880년대 출생인 아사쿠라 후미오, 다카무라 고타로, 기타무라 세이보, 다테하타 다이무, 오구라 우이치로, 나이토 신은 모두 메이지 말년부터 두각을 나타 낸 조각가들이다. 즉, 혼돈스러웠던 메이지시대 미술계가 1907년에 문부성미술전람회(문전(文展))이 시작된 것을 계기로 하여 정리되고 확고한 틀이 갖추어질 무렵 그들이 등장한 것이다. 더욱이 그들은 다카무라 고타로의 조각 비평이나 『로댕의 말(ロダンの言葉)』의 번역에서 보듯이 작품제작뿐만 아니라, 왕성한 저술활동 등에서 스스로의 입장이나 사고를 강하게 주장했다. 그러한 활동들에 의해 이미 다이쇼시대 전반에는 그들이 일본의 조각계를 대표하는 존재가 되어 있었다. 그러한 영향력이 이 글의 주제가 되는 쇼와 10년대에는 정점에 이르렀던 것이다.

2. 로댕과 고전

이렇게 생각하면 근대 일본조각사에서 1937년부터 1945년까지는, 나아가 그 당시의 전쟁과 조각의 관계는 메이지시대 말기부터 이어진 커다란 흐름의 귀결점이라고 말할 수 있다. 그것은 당시 지도적 위치에 있던 1880년대 출생 조각가 세대들 입장에서 보면 스스로가 그려낸 조각의 존재방식을 한껏 실현하는 시기일 수도 있었다. 그리고 왕왕 근대미술사에서는 세대가 다르면 그 지향하는 방향도 완전히 다른 경우가 있지만, 적어도 당시 일본 조각계에서는 세대를 초월한 공통점이 있었다. 그것은 바로 로댕이즘과 고전지향이었다.

1800년대 출생 세대에게 로댕과의 만남은, 다카무라 고타로에 의해 대표되듯이 젊을 때 받은 강렬한 충격이었고, 로댕의 존재는 아사쿠라 후미오처럼 설령 거리를 두려고 해도 의식할 수밖에 없는 그런 어떤 것이었다. 다카무라가 번역한 『로댕의 말』은 바로 1차 세계대전 무렵 일본에서 출판되어 그후 제2차 세계대전에 이르기까지 일본의 젊은 조각가들에게는 '바이블'이 되었다. 1937년에는 다카무라 고타로 번역 『로댕의 말』 보급판 정/속(正/續)이 연달아 재간행되었고 1942년에는 후루카와 다쓰오(古川達雄) 번역 『로댕의 말 - Paul Gsell 필록(筆錄)』이 간행되었다.

태평양전쟁 중에도 『로댕의 말』이 출판되어 그것을 읽을 수 있었다는 것은, 그 『로댕의 말』이라는 저서가 전쟁 중이던 일본의 국가체제에 결코 나쁘지 않았음을 의미한다. 이 점은 일본 근대조각의 성격을 생각할 때도 주목해야 할 부분이다. 지구 반대편에서 1차 세계대전이 진행 중일 때 30세 전후의 나이로 자신들의 입지를 굳히고 있던 1880년대 출생 조각가 세대들은 신문이나 잡지를 통해 전쟁 당시 유럽의 사정을 알았음에 틀림이 없다. 1차 대전 중이던 1917년에 사망한 로댕은 미술에서 '고전'을 지키는 프랑스의 '애국자'로 이해되었다.[1] 그와 같은 스탠스가 1880년대 출생 세대들에게 계승되어 2차 세계대전 당시 일본 조각계의 기본방침이 되었다고도 말할 수 있다. 나아가 로댕의 후계자라고 해야 할 부르델은 그 '고전'적 경향을 모뉴멘탈한 작품 등에 표현한 조각가였다. 부르델 문하에서 사토 쵸잔(佐藤朝山), 야스다 류몬(保田龍門), 가네코 규헤이지(金子九平次), 시미즈 다카시(清水多嘉示) 등 1880년대부터 1890년대에 출생한 조각가들이 유학하여 스승의 작풍을 일본에 전했다.

태평양전쟁이 시작되기 직전이 1941년 9월에는 나리타 쥬로(成田重郎)가 쓴 『로댕 이후』(東京堂)가 출판되었지만, 그 책의 권두 도판에 부르델 초상사진을 게재하고 본문 거의 3분의 2를 '제2부'로 하여 부르델의 말을 소개하면서 그와 관련한 내용에 지면을 할애했다. 거기에서는 "인간을 고전적 정신 속에 찾아내려고까지 했다. 최초도 최후도 혼돈, 불가지한 자연과 관계 지은 인간을 보았다고 하기보다는 역사적 전개 속에서 전통적인 정신의 옷을 입고 나타나는 인간을 본 것이다"라고 기술했다. 또 부르델을 말할 때 종종 그의 출생지인 몽토방(앵그르도 동향), 그 향토를 사랑한 심정이 강조된 점도 간과할 수 없다.

1943년 3월 12일에는 세키 요시(關義) 번역으로 부르델이 쓴 『로댕』이 출판되고 이듬해 5월에는 대부분 작품도판으로 구성된 시미즈 다카시의 『거장 부르델』도 간행되었다. 그 양쪽 다 다카무라 고타로가 서문을 써서 전자는 "로댕의 바탕 없이 부르델은 존재할 수 없다. 또 로댕의 진전은 필연적으로 부르델의 길이 된다"고 말했다.[2] 후자에는 다음과 같이 썼다.

로댕 사후에 로댕이 아직 의식적으로는 강조할 수 없었던 조각의 근본요소인 기념비성을 특히 분명히 하고, 남성적이며 강인불패의, 자못 조각다운 조각의 걸작을 많이 제작하여 세계의 아름다움에 하나의 새로운 몽토방적 대풍격을 더한 것이 부르델이다.

"고전", "기념비성", "남성적", "강인불패", 이것들은 어쩌면 모두 전쟁기 일본의 조각가들에게 요구되었고, 대부분의 조각가가 세대를 불문하고 추구한 특성이었다. 아사쿠라 후미오는 1942년부터 이듬해에 걸쳐 전시색이 농후한 저서를 4권 출판했다.[3] 그 가운데 1942년 12월에 출판한 『미의 성과』(國文社)에 그 해에 쓴 「전통적 기술을 파악」이라는 글이 실려 있다. 거기에서 그는 제1차 세계대전 후 유럽 조각계의 동향에 대해 빌헬름 렘브루크(Wilhelm Lehmbruck)의 '묘하게 여성이 길고 호리호리하며 부자연스러운' 작품이나, 또 오스카 슐렘머(Oscar Schlemmer), 아키펭코 등을 예로 들며 "이렇게 비현실적인 예술은 대전에 지쳐 슬픔의 밑바닥 생활에 신음하는 현실로부터 눈을 돌리고 싶어 하는 감정에서 생겨난 기형아로, 결코 올바른 것이 아니었다"고 썼다. 그러나 그러한 "첨단을 달리는 예술에 매료된 젊은 작가들"이 일본에도 등장하여, 자신의 제자 가운데 한 명도 "아키펭코가 아니면 조각가가 아니라고 생각했지만, 지금은 싸구려 연극의 단역인가 뭔가를 하고 있는" 자가 있다는 것이다. 더욱이 그는 말한다.

그러나 최근 미술학교에 들어간 학생은 깨끗이 달라졌다. 그것은 대단히 진지하고 견실한 일이다. 나는 여기서도 대동아전쟁의 전과는 있었다고 마음 속에서 기뻐한다. 나는 이 학생에게 일러서 자신들의 교실을 깨끗이 청소시켰다. 그래서 흙신발로 들어오는 것을 금했다. 기분 좋은 교실에서 사념을 품지 않고 조각의 기초를 철저하게 가르쳐 갈 생각이다. 대성할 미술가에게 필요한 것은 견실한 기초다.

그러나, 이 문장이 씌어진 2년 후인 1944년에는 도쿄미술학교에서 '개혁'이 실시되어 아사쿠라와 기타무라 세이보는 교수 자리에서 쫓겨 나고 후임으로 히라쿠시 덴츄와 이시이 쓰루조가 부임했다.

3. 조각가의 기대

판단하기 어려운 것은 앞서 말한 아사쿠라 후미오의, 일견 전쟁 찬미적인 글도 "나는 대동아전쟁의 전과는 있었다고 마음속으로 기뻐했다"라는 한 문장만 삭제하면 그것이 패전 직후, 혹은 오늘날에도 통용될 수 있다는 점이다. 나아가 아사쿠라의 이 신념은 어쩌면 전쟁 중에도 그 이전이나 이후와도 크게 바뀌지 않았을 것이다. 이것은 예를 들면 다카무라 고타로나 이시이 쓰루조 등에게도 지적할 수 있는 것으로, 그런 의미에서 그들에게는 시대의 변화에 따른 '변절'은 없었다. 그것은 로댕이나 부르델이 전쟁 중에 항상 모델이 되었던 점과도 관련이 있지만, 그 '변절' 없음을 전부 긍정해도 좋다고 단언할 수 없다는 것이다.

1939년 역사학자 하니 고로(羽仁五郎)는 이와나미신서(岩波新書)의 하나로 『미켈란젤로』를 발표했다. 하니는 그 저서에서 르네상스를 대표하는 조각가 미켈란젤로의 〈다비드〉를 "피렌체의 자유시민 민중의 … (중략) … 자유독립을 지키는 결의를 표현하며 서 있는" 조각으로 규정했다.[4] 문제는 이처럼 사회현실과 마주보고, 격투하는 조각표현의 존재방식이 당시 일본의 조각계 내부, 즉 조각가나 비평가들로부터는 거의 생겨나지 않았던 점이다(다만, 태평양전쟁 중에 제작된 쓰지 신도(辻晋堂)의 〈시인 오오토모 야카모치(大伴家持)시작(試作)〉에는 〈만엽집(万葉集)〉 모티프를 다루면서도 그런 〈다비드〉

그림 5-1 | 아사쿠라 후미오 〈날개에 이어(翼に續け)〉, 1943년

의 반영을 볼 수 있을지도 모른다). 예를 들어 아사쿠라의 작품을 보자. 1943년 제6회 문부성미술전람회에 출품한 〈날개에 이어(翼に續け)〉(그림 5-1)는 양팔을 위로 넓게 벌린 여성의 누드 전신상이다. '후방'을 연상시키는 제목으로부터 '전쟁조각'으로 간주해도 좋은 작품이지만, 그는 이와 유사한 〈꽃 그림자〉라는 작품을 이미 1922년에 발표했다. 다시 말하면 전자를 전쟁에 결부시키는 것은 제목뿐이고, 그 제목도 시대가 변하면 그것이 '후방'을 의미하는 것조차도 애매해진다. 이것을 뒤집어 말하면 그의 경우 전쟁조각을

그림 5-2 | 이시이 쓰루조 〈소국민〉, 1943년

위한 준비가 이미 훨씬 전부터 되어 있었다는 것을 의미한다. 여기서 말하는 '그'는 1880년대 출생세대로 확장시켜도 무방하다. 아사쿠라나 기타무라 세이보 등이 확립한 소위 '관전 아카데미즘'의 인체표현은 지금 본 바와 같이 전쟁 중에도 충분히 유효했던 것이다.

이미 쇼와 초기까지는 아사쿠라의 〈포한〉(1924년, 제5회 제국미술전람회)이나 기타무라의 〈건강미〉(1930년, 제11회 제전)와 같이 그 인체표현은 점차 감상적인 섬약함을 버리고 씩씩한 육체미표현을 향해 가고 있었다. 다른 한편에서 관전에 대항하던 일본미술원 조소부도 그 점에서는 크게 다르지 않았다. 로댕이즘의 본류를 자부한 역사를 갖고, 야마모토 쇼잔이나 야스다 류몬이 배운 부르델, 야마모토 도요이치가 사사한 마이욜 등 로댕 이후의 고전적 경향을 흡수해 간 그 단체는 먼저 그 무엇보다도 인체 그 자체의 표현을 엄격하게 추구하였다. 1880년대 출생으로 쇼와 10년대에는 지도적 위치에 섰던 이시이 쓰루조의 작품을 보아도 그 치밀하고 견고한 인체상은 전쟁기가 되면 〈농촌청년〉(1941년, 재흥 28회 일본미술원 전시회)이나 〈소국민〉(1943년, 재흥 30회 일본미술원 전시회, 그림 5-2)과 같은 제목이 붙었다.

이 경우 흥미로운 것은 앞에서 든 아사쿠라나 이시이의 인체표현이 각기 스스로의 스타일을 확립한 완성도 높은 작품인 데 비해, 가끔씩 그들이 보다 구체적인 주제를 다루려고 하면 묘하게 불편한 결과물이 나오는 점이다. 예를 들면 모두 부조작품으로, 상이군인이 원을 이루어 춤을 추는 아사쿠라의 〈재기의 춤〉(1941년, 제4회 문전)이나 열 명의 지사들이 단체 사진처럼 모여 있는 〈근왕지사(勤王志士)〉(1943) 등이 그렇다. 이것은 말하자면 1880년대 출생 세대의 한계이고 나아가서는 근대 일본조각의 한계이기도 하다. 그것은 일본서양화에서 타블로, 즉 대화면의 구상화(構想畵), 혹은 역사화를 그리는 일의 곤란함과 같은 뿌리를 가진 것으로 생각된다. 또한 그것은 19세기 후반 이후 서양미술을 수용하여 성립한 근대 일본미술의 근본적인 성격이라고도 말할 수 있다. 그러나 서양화에서는 그 성격을 극복하려는 의욕이 종종 강하게 드러난 데 비해 근대 일본조각에서는 그와 같은 움직임이 그다지 두드러지지 않았다. 예외적으로 메이지 중기 야마다 기사이

그림 5-3 | 야마다 기사이 〈헤이지 이야기(平治物語)〉, 1893년

(山田鬼齋)에 의한 목조 부조 〈헤이지 이야기(平治物語)〉(1893, 그림 5-3)나 신카이 다케타로가 거듭 표현했던 내러티브를 가진 작품 등이 있는 정도다.

1880년대 출생 이후 세대에게 있어 조각의 본질이란 오히려 그러한 내러티브를 배제함으로써 시작되었던 것이다. 그리고 그것은 쇼와 10년대에는 조각에 대한 극히 일반적인 이해방식이기도 했다. 『일본미술연감 쇼와 14년판』(미술연구소, 1940)의 「쇼와 13년도 미술계 개관」에는 다음과 같은 문장이 있다.

> 조각이 사건의 묘사나 설명에 부적합한 것은, 한편으로는 복잡한 내용을 단순한 형태에 담아내고 상징화하여 그것만으로 오히려 잠재된 힘과 영원성을 갖추는 것이라고 할 수 있다. … (중략) … 조각이 습작 같은 사실주의나 표면적 형체모방, 감각이나 맛의 문제에 한정해 있는 한 현상을 벗어나지 못할 것이다. 진보적인 작

가들이 여기를 벗어나서 조형성의 본질을 파악하려고 고심하는 노력은 존경받아야 하고, 이 기운이 보이고 있는 것에 커다란 희망을 가질 수 있다.

여기서 말하는 '조형성의 본질'이란 매우 미묘한 문제다. "복잡한 내용", "습작 같은 사실주의", "감각이나 맛"을 하나하나 덜어냈을 때, 거기에 무엇이 남는가 하는 질문도 충분히 성립될 수 있다.

같은 글의 다른 대목에서는 "재료 및 표현의 특성으로 보아 조각은 가장 영구성이 있는 기념비 제작에 적합하다"고 말하고, 혹은 "전쟁은 조각에 새로운 주제를 제공하고 장엄한 정신과 힘의 표현이 그 영역에서 한층 적절한 표현을 얻을 것으로 기대된다", "사실주의적인 것 외에, 문전에는 더욱, 불상의 정신을 배운 것, 아르카이즘에서 모범을 취한 것 등도 보이고, 각기 발전을 기대하게 한다"고 했다. 이러한 문장들은 시국에 적합한 방향성을 가질 때만 이 "조형성의 본질"이 획득된다고 말하는 듯하다.

이듬해 『일본미술연감 쇼와 15년판』(미술연구소, 1941)은 "올해 작가들의 취재는 싸움과 휴식, 혹은 병동에서 요양하는 병사들, 대륙건설에 힘쓰는 전사, 후방을 지키는 근로자들의 묘사에서부터 흥국의 이상, 국민의 의기(意氣) 상징화에 이르기까지 다양하게 탐구되었다"고 썼다. 확실히 당시의 조각계를 바라보면 패전에 이르기까지 그러한 '새로운 주제'의 작품이 많이 발표되었다. 하지만 그것들은 많은 경우 그 때까지의 인체표현에 새로운 옷을 입힌 데 불과했다고 말할 수 있다. 예를 들면 전쟁을 주제로 한다고 해도 전투장면이나 후방생활 광경을 리얼하고 극명하게 전하는 작품은 거의 없다. 오히려 몇 명인가의 병사가 절벽에 들러붙어 꼭대기를 향하고 있는 하타 쇼키치(畑正吉)의 〈1등 도착〉(1938, 그림 5-4), 수면에서 얼굴만을 내민 병사들이 떠받치고 있는 판자다리 위를 한 명의 병사가 서둘러

그림 5-4 | 하타 쇼키치 〈1등 도착〉, 1938년

건너가고 있는 장면을 묘사한 오구라 우이치로(小倉右一郎)의 〈인간교량〉, 후지타 쓰구하루의 전쟁화를 연상시키는 사이토 소간의 〈구도〉 등이 예외적인 작품일 뿐이다.

또 한 가지 주목할 것은 그들의 경력이 소위 주류로부터는 조금 벗어난 점이다. 하타는 처음에는 도쿄미술학교 교수였지만, 그 후 도쿄고등공예학교로 옮겼고, 그 교체 멤버가 아사쿠라 후미오와 기타무라 세이보였다. 오구라는 고향인 가가와현립공예학교(香川縣立工藝學校)를 졸업한 다음 도쿄미술학교에서 공부하였고, 전후의 만년에는 다시 고향의 모교 교장을 역임

그림 5-5 | 히나고 지쓰조 〈팔굉일우탑(八紘一宇基柱)〉, 1940년

했다. 사이토 소간은 도쿄미술학교 서양화과를 졸업하고 파리가 아니라 런던에서 조각을 배운 다음 1927년에 조각과 건축의 융합을 추구한 조각가 단체 구조사(構造社)를 결성했다. 그들은 모두 1880년대생이었지만, 이 글의 모두에서 언급한 동세대 다른 조각가에 비하면 지금은 거의 잊힌 사람들이다. 더욱이 세대는 내려오지만, 히나고 지쓰조(日名子實三)에게도 이 점은 적용된다. 그는 전장의 폐허에서 카메라를 움켜쥔 종군기자의 모습을

형상화한 〈제일선〉(1939) 등 전장을 다룬 많은 작품을 제작하는 한편으로 미야자키시(宮崎市)에 남아 있는 〈팔굉일우탑(八紘一宇基柱)〉(1940, 그림 5-5) 등의 모뉴멘트를 남겼다. 원래 그는 아사쿠라 후미오의 문하에서 조각을 공부하였지만, 그곳을 뛰쳐나와 사이토 소간과 함께 구조사를 결성한 인물이다. 이는 전전, 전쟁기, 전후로 이어지는 근대 일본 조각사에서 매우 중요한 문제다. 그것은 서양화 분야에서 전쟁기록화의 수작을 여럿 남긴 후지타 쓰구하루가 패전 후에 전쟁책임의 희생양이 된 사실과 어딘가 통하는 데가 있는 것처럼도 생각된다. 조각계에는 그 정도의 눈에 띄는 움직임은 없었던 것 같지만, 인간이 서로 죽이고 전투에 직접 참가하지 않은 자마저도 죽음에 직면하는 전쟁의 현실을 표현한다는 것은 조각이 가진 '조형성의 본질'에서 벗어나는 것은 아니었을까? 즉, 그 '본질'이란 어떤 의미, 시대성, 한 시대의 현실을 있는 그대로 표현하려는 리얼리즘을 계속 기피하는 측면을 갖고 있었던 것이다.

4. 필요한 조각과 필요 없는 조각

전쟁이 조각가들에게 '새로운 주제'일 뿐이었다고 해도 그들에게 있어 이 전쟁의 시대는 과연 무엇이었는가? 또 조각가 이외의 당시 사람들에게 조각이란 무엇이었는가? 실제로 양자가 찾고 있던 것 사이에는 일치한 방향성이 있었던 듯이 생각된다. 앞에서 로댕이즘과 고전에 대해 언급하였고, 전자가 후자에 연결된다는 것을 지적했다. 거기에서 고전은 부르델이나 마이욜의 작품에 관련된 것이었지만, 일본인에게 있어서는 또 하나 보다 친근하고 중요한 고전이 존재했다. 즉, 6세기 아스카(飛鳥)시대부터 이어진 불교조각에서의 그것이다. 쇼와 전전·전쟁기란 일본인이 스스로의 고전시대를 재발견하고, 그것에 대한 동경이 고조되어 확산된 시대였다.

물론 고대 일본조각에 대한 높은 평가는 이미 메이지시대에 확립되어 '일본미술사'라는 역사의 틀이 형성되는 기초가 되었다. 그러나 그것이 어떤 의미에서 절대적인 가치관으로서 널리 일본인에게 퍼져 간 것은 1920년대 간행된 대베스트셀러 와쓰지 데쓰로(和辻哲郞)의 『고사순례(古寺巡禮)』를 거쳐 쇼와시대에 들어서부터의 일이었다고 말할 수 있다. 많은 고대의 불상과 만나기 위해 나라를 방문한 관광객 수는 오사카에서 철도(기차)가 연결된 1892년 경 대략 100만 명 정도였던 것이, 이후 비약적으로 증가하였다. 전차로도 오사카나 교토와 연결되었고 '기원 2600년'에 해당하는 1940년에는 가시하라신궁(橿原神宮) 참배자의 증가도 있어서 819만 명이 나라를 방문하였다.[5] 국가주의의 침투 속에서 역사적인 유적에 대한 동경은 점점 높아져 나라나 교토의 불상은 말하자면 일본인에게는 자신들의 민족의 문화적 우수성을 보증하는 시각적 이미지로서 기능하였던 것이다.[6] 그러한 상황은 당시 출판물에서도 엿볼 수 있다. 아사히신문사는 1928년에 출판된 『덴표의 문화』 상·하권을 1942, 1943년에 걸쳐 재판을 찍었다. 그 초판 서문은 다음과 같은 문장으로 시작한다.

> 자연의 혜택을 깊게 받은 신성한 지역(神洲)에 나라를 열자 황실의 존엄에 더하여 용감하고 진취적인 기운과 순진단결의 정신에 가득 찬 야마토(大和)민족이 선조 전래의 문명을 배양할 만한 대륙의 문화를 생각대로 섭취하고 아스카(飛鳥)시대에 이어 빛나는 덴표(天平)시대를 쌓아 올린 사적은 일본의 상고사에 하나의 신기원을 이룬 것으로, 덴표 연호가 시작된 이래 올해로 1200년에 이르니, 저절로 현대인으로 하여금 '먼 옛날'을 느껴 존숭경외의 념(念)에 못 견디게 한다.

또 재판 서문에는 초판이 즉위대례 기념으로 간행된 것을 설명한 위에 "우리가 이 책을 통하여 염원한 일본문화의 선양이 천황의 위세 그대로 눈 앞에 나타나고 있는 것은 흔쾌하여 견딜 수 없다"라고 썼다. 그리고 미술사학자로 가인(歌人)인 아이즈 야이치(會津八一)가 나라(奈良)지역의 불상이나 사찰을 노래한 「남경신창(南京新唱)」 등이 실려 있는 『가집록명집(歌集鹿鳴集)』(創元社)이 출판된 것은 1940년의 일이다. 아이즈 자신이 쓴 바에 따르면 이 책은 7,500부를 인쇄하여 4년 후에는 소겐선서(創元選書)의 하나로 재출간되었다.[7] 출정이 정해진 병사들은 이 『가집록명집(歌集鹿鳴集)』이나 『고사순례』를 들고 나라지역을 돌아보았다고 한다.[8] 사람들에게 필요한 조각이란 그러한 옛 불상이었다. 그리고 조각가들도 거기에서 자신들이 기댈 곳을 찾았다. 앞에서 인용했듯이 『일본미술연감(日本美術年鑑)』에서 "불상의 정신에서 배우는 자, 아르카이즘에서 모델을 찾는 자"에 대한 기대가 언급된 것도 그와 같은 경향의 반영이라고 할 수 있다.

1943년 3월 금속회수 조치로 인해 전국 각지의 동상이 공출되었을 때, 같은 달 21일자 『아사히신문』에 주조 공예가 가토리 호쓰마(香取秀眞)의 「동상의 역사」라는 글이 게재되었다. 거기에서 그는 '동상'을 모뉴멘트로서보다 오히려 브론즈상이라는 의미로 파악하고 아스카시대의 불상전래에서부터 이야기를 시작하여 "우리나라의 동상은 나라시대까지의 불상으로 그 본질을 삼으며, 이들 불상 걸작이야말로 가치가 있다"고 했다. 한편 "오늘날 동상은 역사적 관점을 배제하고는 앞에서 말한 바 미술적 가치가 있는 예는 매우 적은 것이 진실한 이야기로, 항시 풍우에 노출되어 매연과 먼지에 때묻어가기보다는 오히려 국운이 걸린 결전 하에 헌신함으로써, 이들 동상은 가장 시의적절하게 명예로운 생명의 장소를 얻는다고 해야 할 것이다"라고 논했다.

미술계에서 가토리가 취한 입장이라는 점은 고려하지 않으면 안되지만, 어쩌면 이것은 당시의 극히 일반적인 견해였다. 혹은 그러한 근대 이후의 공공 야외조각에 대한 가치관은 지금까지 달라지지 않았다고 말할 수밖에 없다. 조각가 자신도 그것이 자신들의 작품에 관련되지 않는 한 같은 생각을 가진 자가 많았을 것이다. 이 공출에 의해 없어진 숫자는 정확히 알 수 없지만, 적어도 당시 1,000구에 가까운 동상이 전국 각지에 있었고, 그 가운데 7~8할은 공출되었다고 생각된다.[9] 이 전쟁의 시대는 '조각을 잃게 된 시대'이기도 했던 것이다.

그러나 조각가들은 브론즈가 사용되지 않으면 시멘트나 도자기, 돌, 목재 등을 그 대용으로 하였고, 결코 그 제작의욕을 잃지는 않았다. 앞에서 든 가토리의 글 옆에는 오구라 우이치로의 글 「조각계의 한 과제 - 동상의 대용품에 대하여」가 실렸다. 다음에서 말하는 당시의 조각가 수를 생각하면 이 시대에도 없어진 조각보다는 새로 제작된 조각의 숫자가 더 많았다고 단언해도 좋을 것이다. 그들에게 있어 제작에 사용된 재료규제에 대한 위기감은 이미 1938년 경부터 고조되어 있었다. 국가총동원법이 시행된 그해 구리를 포함하는 금속류 사용제한이 속속 강화되고, 같은 해 8월에는 13개 조각가 단체가 모여 구리 사용허가에 대해 국가에 진정하기로 결정했다. 나아가 그 다음 달 오구라 우이치로를 대표로 하여 각 조각가 단체가 결속하여 일본조소가연맹(日本彫塑家連盟)을 발족시키고, 그 후 1941년 3월에는 전일본조소가연맹(全日本彫塑家連盟)으로 개편되었다. 이 연맹이 이듬해인 1942년 5월에 발행한 명부에 따르면 회원 수는 756명이었다.[10] 그 인원은 모두 당시 실제로 제작하고 있었다고는 말할 수 없고, 또 일본화가나 서양화가에 비하면 적은 것도 틀림없다. 하지만 1907년 제1회 문전에 조각이 16점밖에 출품되지 않은 점을 고려하면 격세지감이 있는 것도 분명하다(1943년 제6회 신문전 제3부 조소 출품 250점).

이 글에서는 거의 다루지 않았지만, 이 시기에는 많은 조각가 단체가 활동했다는 점에서 근대 일본조각사상 주목해야 할 시대다. 그 단체들은『일본미술연감 1938년판』(미술연구소, 1939년)의「쇼와 12년도 미술계 개관」에서 "여러 단체에 의한 예술적 주장, 혹은 경향 위에 그다지 눈에 띄는 특색을 보인 작품이 없다"고 지적되었고, 전쟁 말기에는 활동정지를 강요당하여 각자 충분히 개성적인 활동을 하는 것 자체가 불가능했다. 그렇지만 그 각각의 단체에 많은 조각가가 있었다는 것이 조각표현의 다양한 가능성을 내포하고 있었다는 것은 틀림없다. 그 다양한 가능성이 전후의 조각에 이어져간 것이다. 이 조각가 숫자와 그 단체의 증가라는 점은 앞서 말한 세대의 문제, 그리고 물론 전쟁과의 관계라는 점과 함께 쇼와 10년대를 일본 근대조각사에서 중요한 시기로서 부상시킨다. 하지만 그것을 깊이 고찰해가기 위해서는 개별 조각가들에 대해 더욱 깊이 있는 조사연구를 빼놓을 수 없고, 그 작업은 지금 막 출발점에 섰다.

6장

에필로그 : 아시아·태평양전쟁기 일본 전쟁화의 전후 행방

김용철

1. 전쟁화는 어디로 갔나?

아시아·태평양전쟁기 일본에서 제작된 전쟁화는 종전과 함께 그 운명이 바뀌었다. 그것의 운명이 바뀐 궁극적인 이유는 일본의 패전이었지만, 종전 이후에는 패전국의 회화 그 이상의 '복잡한 물건'이 되었다. 거기에는 전쟁 당시 전의고양과 애국심 고취를 목적으로 한 프로파간다 매체였던 사실이 개입되어 있었다. 그리고 그 사실만으로 보자면 일본의 패전과 GHQ(General Headquarters)의 점령에 의해 전쟁화는 여타의 프로파간다 매체들과 마찬가지로 처분될 수도 있었다. 하지만 이 그림들은 폐기되지 않고 미국으로 이송되었다가 1970년 일본으로 반환되었다.

'근대 일본미술의 쓴 열매'라고 할 만한 아시아·태평양전쟁기 일본의 전쟁화가 중요한 이유는 전쟁이 수행되던 시기 일본인의 의식과 정서가 적나라하게 드러나 있기 때문이다. 1937년 중일전쟁 발발에서부터 패전에 이르는 8년여의 세월 동안 그려진 전쟁화는 회화이면서 프로파간다 매체로서의 기능을 수행했고, 전시된 전쟁화 앞에서 합장을 하거나 헌금을 바친 사례도 있었다. 그만큼 전쟁화는 미술의 사회적 기능, 그것의 미학적 가치 등과 관련한 다양한 이슈를 내포하고 있다. 근년에 들어 본격적인 논의가 시작된 이 주제는 1989년 쇼와 천황의 사망이 분명한 전기를 제공해 주었지만, 일본에서 이루어지고 있는 연구는 아직도 실증적인 기술의 범주에 머물러 있거나 문제의 핵심을 에둘러 피한 경우가 대부분이다.[1]

이 글에서는 아시아·태평양전쟁기 일본 전쟁화의 종전 이후의 행방에 관해 논하려 한다. 시기적으로는 주로 승전국 미국의 군인들이 일본 열도에 상륙한 이후인 1945년 10월부터 1970년 4월까지를 포함하지만, 그 시기 동안 있었던 미군에 의한 접수 및 이송, 반환 과정에서 있었던 일련의 움직임들을 통하여 전리품이면서 미술품이라고 하는 특수한 성격과 그것에 대한 미국과 일본의 취급 태도 혹은 입장을 조명해 볼 것이다. 이하 본론에서는 미국으로 이송하는 과정과 이후 반환까지의 과정을 나누어 살펴보고, 전쟁화의 생산국이면서 패전국이었던 일본과 승전국이었던 미국이 각 시기별로 전쟁화에 대해 갖고 있던 인식에 주목할 것이다. 이 주제는 근년에 들어 관련 자료가 적극적으로 소개되면서 논의의 발판을 마련할 수 있게 되었다. 다만, 반환 과정에 관련된 미국 측 자료는 제한적인 범위에서밖에 활용할 수 없었음을 미리 밝혀 둔다.

2. GHQ의 접수와 미국 이송

아시아·태평양전쟁기 일본의 전쟁화가 프로파간다 매체로 사용되었던 측면만으로 그 성격을 규정한다면 종전 후 그것의 처리는 일부 서적들과 같이 태워 없애거나, 혹은 신문이나 라디오의 경우처럼 운영자를 바꾸고 통제를 가함으로써 일단락될 수 있었다. 하지만 전쟁화의 경우는 애초부터 그림이라는 물리적 실체가 프로파간다 매체의 기능을 수행했던 점에서 여타의 전쟁 프로파간다 매체와는 차별성을 갖고 있었다. 그리고 그 차별성이라는 것은 미술품이라는 또 다른 성격과 깊은 관련이 있다. 미술품이 가지는 성격이란 인간의 조형활동에 의해 생겨난 것이면서 넓게는 그것을 낳은 시대의 문화를 함축하고 있는 문화재의 일부라는 점이다. 프로파간다 매체로서 기능했을 당시에도 이와 같은 측면이 그 기능을 수행하는 데 중요한 요인으로 작용하였지만, 바로 그 이유로 인해 전쟁화에서 프로파간다 매체의 기능을 배제한다고 하더라도 미술품이라는 보다 원초적인 성격이 남게 되는 것이다.

이처럼 전쟁화가 가지는 복잡한 성격은 종전 직후 GHQ, 즉 연합군 사령부가 취했던 입장에 서서히 반영되기 시작했다. 전쟁화에 대해 GHQ의 견해를 확인할 수 있는 가장 이른 문헌자료는 1945년 10월 28일 OCE (Office of Chief Engineer)가 제8군 참모본부에 보낸 문서다. 「일본인 예술가 요청(Request for Japanese Artists)」이라는 제목에 OCE 명의로 발송된 이 문서는 미국 전쟁성(War Department) 역사유산국(Historical Property Section)에 보낼 일본 전쟁화를 수집하기 위해 일본 예술가의 협력이 필요하다는 내용을 담고 있다.[2] GHQ가 일본과 한국에서 일본의 전쟁화를 수집하고 있던 그 시기에 미국 전쟁성 역사유산국이 무슨 이유로 일본의 전쟁화를 필요로 하였는지는 다음 달인 11월 7일 태평양 총사령관 전투미술과(Combat Art Section)에 보낸 문서에 드러나 있다.[3] 그 문서에 따르면 역사유산국은 이듬해인 1946년 1월 뉴욕 메트로폴리탄 박물관에서 '일본 정복(Conquest of Japan)'을 주제로 한 전시회를 개최할 예정으로, 이를 위해 일본의 회화와 스케치의 이송을 요망했다.[4] 주목할 점은 이 시점에서 일본의 전쟁화는 기록 드로잉(documentary drawing)과 함께 일본이 정복되기 이전 일본 열도에서 있었던 활동을 나타내는 시각자료에 불과하였다는 사실이다.

전쟁화의 수집을 위해 일본인 예술가, 즉 미술가의 협력이 필요하다는 10월 28일 OCE 문서에는 또 하나 흥미로운 사실이 언급되어 있다. 일본화가 후지타 쓰구하루(藤田嗣治)가 그 역할을 열망하고 있다는 것이다. 화가 후지타는 태평양 전쟁기 전쟁화 제작에서 가장 열성적이었던 화가로, 전쟁화 제작은 물론이고 이론적으로도 여타 화가들을 선도한 화가였다.[5] 그로 인해 종전 직후 일본미술계에서는 전쟁화를 그린 화가들 가운데서도 침략전쟁에 협력한 책임을 져야 할 자로서는 첫 번째로 꼽히는 인물이었다. 일본미술회(日本美術會) 우치다 이와오(内田巖)는 공개적으로 후지타를 '전범화가'로 지목하고 미술계 활동을 자숙할 것을 권고했다.[6] 하지만 현실은 여타 미술가들의 예상이나 바람과는 전혀 다르게 전개되었다. OCE에는 후지타가 1920년대 에콜 드 파리의 일원으로 명성을 날리던 시절 친분이 있던 화가 B. 밀러가 있었기 때문이다. 위에서 든 10월 28일자 OCE 문서에는 두 사람의 친분 관계를 통한 사태의 진전이 예고되어 있었던 셈이다.

전쟁화 수집에 협력한 일본인 미술가에게 정식 증명서의 발급이 추진되던 1946년 초 GHQ는 일본 전쟁화에 대한 인식과 그 처리에 대한 판단에 부심하고 있었다. 그해 2월 21일자 CIE(Civil Information and Education)

의 부서 메모(office memorandum)에는 수집된 전쟁화에 관한 몇 가지 문제가 제기되었다. 그 문제란 '그것들을 어떻게 해야 할지'에 관한 것으로 크게 보아 두 가지, 즉 "그것들이 역사적 문화적 예술적 가치를 가진 것이어서 보호해야 할 것인가" 아니면 "선정적인 프로파간다로서 차압해야 할 것인가"로 압축될 수 있는 것들이었다. 전자와 관련이 깊은 경우로 워싱턴의 전쟁박물관에서 사용하기 위해 전쟁성으로 보낸다면 선별해서 보내는 것으로 좋을지, 그 선별은 누가 해야 할지 등의 문제가 언급되었다. 또한 후자와의 관련을 고려하여 그것들을 파기한다고 하면 예술작품이라 불릴 만한 것들을 남겨야 하는지 등이 언급되었다.

5일 후인 2월 26일 문서에는 최고사령관 더글라스 맥아더가 전쟁화에 대해 처음 언급함으로써 일시적인 정리가 이루어졌다. 먼저 그는 일종의 전리품인 전쟁화를 소유하는 것이 배상의 성격을 갖는 것인지, 그리고 전쟁 당시 전쟁화가 프로파간다 매체적 성격을 가졌던 것인지 궁금해 했다.[7] 만일 전자일 경우 미국에 보내는 것을 의문시하면서 여타 연합국도 지분을 요구할 권리가 있음을 지적했다. 그리고 후자일 경우 또 하나의 방법으로서 파기해 미국에 보낼 필요가 없음도 덧붙였다. 다만, 그는 양자택일에 앞서 성격을 구별하는 가치판단이 우선되어야 함을 강조하는 신중한 태도를 보였다.

전쟁화의 처리를 둘러싸고 독주하던 미국의 입장이 명확하게 정해지지 않은 채 흔들리는 동안, 미국의 전쟁화 독점에 가장 먼저 이의를 제기한 것은 오스트레일리아였다. 오스트레일리아는 1946년 7월 23일, 예를 들어 야마구치 가요(山口華陽)의 〈기지에서의 정비 작업(基地に於ける整備作業)〉(그림 6-1)과 같이, 자국이 참여한 남서태평양 전투와 관련한 그림들을 인수하려는 의사를 밝혔다. 사실 남태평양 아라푸라 해에서 벌어진 일본군과의

그림 6-1 | 야마구치 가요 〈기지에서의 정비 작업〉, 1942년

전투에서 오스트레일리아군이 희생을 치렀고, 그와 관련한 전쟁화가 전리품일 경우 오스트레일리아가 그에 대한 소유권을 주장할 여지는 충분했다. 하지만 미군에서는 전쟁화와 관련된 사항으로 결정된 바가 없다는 사실을 들어 오스트레일리아군의 의견을 수용하지 않았다. 오스트레일리아군은 그해 12월 21일 특정 회화작품을 명시하여 이관을 요청했으나 이 역시도 미군이 마찬가지의 이유로 거부했고, 더 이상 전쟁화와 관련된 별도의 조치를 취하지 않은 것으로 보아 오스트레일리아는 전쟁화에 대한 이관요청을 포기한 것으로 보인다.[8]

오스트레일리아가 전쟁화 인수 의사를 밝힌 후인 1946년 8월에는 연합국 관계자를 위한 전쟁화 전시회가 도쿄도미술관에서 열렸고, 이듬해인 1947년 11월 18일에는 네덜란드가 일본의 특정 전쟁화를 자국에 이관할 것을 요구했다.[9] 특정 전쟁화란 고이소 료헤이(小磯良平)의 〈칼리자티 회견도〉(그림 6-2)를 의미한다. 그것은 인도네시아에서 패배한 네덜란드군과 일

그림 6-2 | 고이소 료헤이 〈칼리자티 회견도〉, 1943년

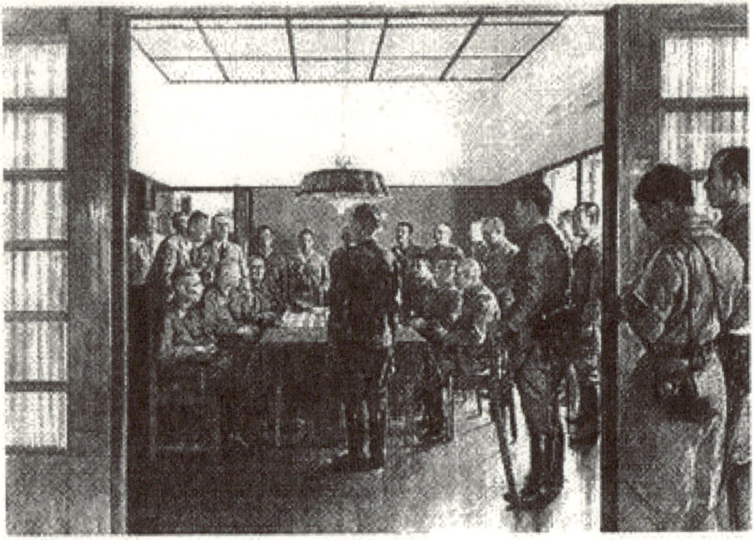

본군이 강화 회담을 하는 장면을 다룬 것이다. 양도를 요구한 네덜란드 역시 원래 자국의 식민지였던 인도네시아에서 일본군과 자국 군인들이 전투를 벌였던 당사국이라는 사실과, 강화 회담에 자국 군인들이 등장한다는 점 등 양도요구의 분명한 근거를 밝혔다. 하지만 오스트레일리아의 경우와 마찬가지로 이 역시도 거부되었다.

일본의 전쟁화를 둘러싼 이러한 움직임이 있던 시기를 포함하여 GHQ 점령기에 일본의 여론이 전쟁화를 언급한 것은 다음 두 가지 이유 때문이었다. 첫 번째는 전쟁협력 화가들의 책임 문제 때문이었다. 화가 미야타 시게오(宮田重雄)가 『아사히신문』에 「미술가의 절조(節操)」라는 글을 투고하여 논쟁의 불씨를 지폈다. 전쟁화를 그린 일부 미술가들이 연합군 환영 미

술전람회를 개최하려는 움직임에 대해 "창부적 행동"이라고 규정하며 비판한 그의 글은 후지타 쓰구하루와 쓰루타 고로(鶴田吾郎) 등의 반론을 불러왔다.[10] 이후 이하라 우사부로(伊原宇三郎)의 가세, 미야타의 반론 등으로 이어진 이 논쟁에서 후지타는 자신과 같은 전쟁화가들은 일개 국민으로서 의무를 다했을 뿐이며, 그 덕분에 미술가들이 탄압을 피할 수 있었다는 등의 주장을 통해 전쟁화가들의 입장을 옹호했다.

두 번째는 전쟁화를 보관하고 있던 도쿄도미술관에 대한 공간사용 문제 때문이었다. 그 배경에는 1947년부터 마이니치신문사가 주최한 〈미술단체 연합전〉이 있었다. 도쿄도미술관에서 매년 유력 10여 개 미술가단체가 참여해 성황을 이룬 이 전시회는 제1회 전시회에 890점, 2회 전시회에 930점이 출품되었고, 3회 전시회에는 출품 수가 1,000점이 넘는 등 점차 참여 작가의 수가 늘어나, 전시 공간의 부족을 걱정하는 상황이 벌어졌다. 1950년 4회 전시회를 앞둔 4월 관련 당사자인 마이니치신문사와 도쿄도미술관, 미술가연맹이 각각 CIE 뉴젠트(Nugent) 국장에게 문서를 보내 GHQ가 접수, 전쟁화를 보관하고 있는 도쿄도미술관 제5실을 비워 줄 것을 요청하였다. 정황상으로도 그렇고 시간적으로 볼 때 세 개 기관 및 단체가 공동전선을 편 것이 분명한 이 움직임에 대해, CIE는 케이테스(Cates) 미술고문 명의로 최종적인 결정이 내려지지 않았으므로 그 요구를 수용할 수 없다는 답신을 보냈다.[11] 이는 CIE와 맥아더 사이에서 이루어질 결정을 좌우할 전쟁화에 대한 인식이, 적어도 1950년 4월 시점에서는 프로파간다 매체라는 이전의 인식에서 달라지지 않았음을 의미한다.

전쟁화가 보관되고 있던 도쿄도미술관 전시실 개방에 대한 파상적인 요구가 이루어진 그 시기에 GHQ 내부에서는 전쟁화에 대한 평가조사를 실시하여 그 성격을 분명히 했다.[12] 케이테스와 도즈만(Douseman)이 실시

한 이 조사에서 그들은 전쟁화가 뚜렷한 미술품은 아니며, 프로파간다적 성격이 강한 것으로 결론을 내렸다. 그들이 내린 결론이 중요한 이유는 이후 전쟁화가 미국으로 이송되기까지의 과정에서뿐만 아니라, 일본에서 반환운동이 본격화된 1960년대 중반까지 미국의 입장을 결정지었기 때문이다. 그러나 전쟁기의 프로파간다 매체로서 전리품이라는 성격이 분명해졌음에도, 맥아더의 재가를 얻어 처리되어야 했던, 전쟁화가 도쿄도미술관에 소장되어 있던 상황에 변동은 생기지 않았다.

전쟁화의 행방과 관련해서는 소강상태였다고 할 그 상황에서 생긴 중요한 변수는 1951년 4월 미국의 트루만 대통령에 의한 맥아더의 해임이었다. 그가 해임되고 1개월이 지나자 CIE는 빠른 움직임을 보였다. 5월 14일 CIE가 작성한 초안에서는 전리품인 만큼 국제법 조항의 적용이 필요하지 않을 뿐 아니라, 그 운명을 미국 육군성이 정하면 그것에 따르면 된다는 내용이 골자를 이루었다. 또한 일본과의 평화조약 체결이 논의되던 시점이었던 관계로 조약 체결 이후 전쟁화가 일본에 남아 있게 되면 전쟁을 미화하는 박물관이나 기념관에 소장되어 그 핵심적 컬렉션이 될 것이므로 그와 같은 사태를 방지해야 한다는 의견도 명시되었다. 정식문서로 발신된 것은 초안이 작성된 10여 일 후인 5월 28일의 일이었지만, 초안의 내용대로 평화조약 체결 전에 미국 이송이 결정되었다. 결국 전쟁화가 미국으로 이송되게 되는 구체적인 조치는 1951년 6월 2일 연합군 총사령관이 미국 육군성에 전쟁화의 처리를 지시함으로써 실현되었다. 지시를 받은 미국 육군성은 같은 해 6월 26일 그 전쟁화를 미국 버지니아주 알렉산드리아 캐머런 스테이션의 육군 기지에 보내도록 지시하는 내용을 담은 답장을 보냈다.[13] 우여곡절을 거쳐 캐머런 스테이션에 도착한 것은 그해 9월에 이르러서였고, 그 수량은 모두 154점이었다.

전쟁화 컬렉션을 둘러싼 여러 움직임 가운데 주목할 만한 개인적 접촉의 사례도 있었다. 그 주인공은 일본미술가연맹의 섭외부장 마스다 요시노부(益田義信)다. 그에 따르면 도쿄도미술관의 전시실을 차지하고 있는 전쟁화로 인해 미술관 대관에 차질을 빚고 있는 현실을 타개하기 위하여 1949년부터 백방으로 노력하던 중, 자신의 어릴 적 친구였던 여성 에디스(Eddis)가 GHQ 외교부장 시볼트(W. Siebold)의 부인이라는 사실을 알게 되어 도움을 요청했다고 한다. 그가 에디스에게 사정을 이야기하였고, 그 내용이 에디스의 남편에게 전해진 1주일 후인 1951년 7월 24일 미군용 트럭에 실려 사라졌다는 것이다.[14] 개연성이 낮지 않은 그의 회고 내용이 의미하는 바는 주목할 만하다. 그것은 전쟁화의 미국 이송이 GHQ 내부의 의견만으로 실행되었다기보다는 전쟁에 적극 협력했던 화가들에 의해 그들 자신의 어두운 과거를 묻어두려는 의도에서 추진되었을 가능성을 제기해 주기 때문이다. 이후 일본에서 이를 전쟁화의 일반공개를 회피 내지 거부하는 '전쟁화 봉인'의 일부로 규정한 것도 드러나지 않은 세력, 즉 전쟁화를 그렸던 유력 일본미술가들에 의한 전쟁화의 미국 이송을 지적한 것이다.[15]

3. 미국에서의 '발견', 그리고 반환

1951년 9월 미국에 도착한 일본의 전쟁화는 이듬해 미국 육군 역사문화과에 등록됨으로써 미국 이송의 공식적인 절차는 일단락되었다. 이후 일본 측은 민관(民官)의 다양한 루트를 통해 반환을 요구하거나 컬렉션에 대해 관심을 표명하였다. 1956년부터 시작된 접촉 중에는 화가들의 개별적인 반환 요구도 있었지만, 주로 언론사가 미국의 국무성이나 국방성을 통해 전쟁화의 소재 및 상태, 반환에 대해 문의하는 수준을 넘지 않았다.[16] 1963년 6월 『미술수첩(美術手帖)』에는 만화가 오카베 후유히코(岡部冬彦)가 미국 오하이오주 라이트 패터슨의 공군 박물관에서 전쟁화를 본 사실이 실려 화제가 되었다.[17] 그 사실은 미국으로 이송되었으나 존재가 확인되지 않았던 전쟁화의 '발견'을 의미하였다. 같은 해에는 미국의 관계 당국과 일본 신문사들의 접촉도 이어졌다. 아사히신문사 통신원이 미국 육군 역사문화과 관계자와의 인터뷰를 통해 전쟁화의 반환에 관한 제반 문제를 문의, 확인하였고, 서일본(西日本)신문사도 미국 국무성과 접촉하여 같은 문제에 대한 타진을 시도했다.

1963년에 이루어진 미국 당국과 일본 신문사와의 접촉 가운데 그해 7월 『아사히신문』 워싱턴지국 통신원인 마쓰야마 유키오(松山幸雄)가 역사유산과의 담당자 제임스 허친스와 가진 인터뷰는 일본 전쟁화에 대한 미국 관계자들과 아사히신문사의 당시 인식을 보여 준다는 점에서 주목할 만하다. 인터뷰 내용에는 미국 이송의 경위나 미국 이송 이후인 1953년 45점이 공군에 이관된 사실, 미국 내 각 기관에 대여된 사실 등이 언급되어 있다. 무엇보다도 이미 그 시점에 일본으로 반환될 가능성이 언급된 사실이 흥미를 끈다.[18] 인터뷰어인 마쓰야마는 그 무렵 자신의 동료인 에나 다키오(衣奈多喜男)가 미국 공군박물관 관계자와의 대화에서 일본 정부가 정식으로 요청한다면 일본으로 반환될 가능성이 있음을 들었다고 말하였다. 뿐만 아니라 마쓰야마는 인터뷰에서 일본인들이 전쟁화의 소유자가 누구이든 그것을 보고 싶어 한다고 말함으로써 대여전시가 이루어지거나, 아니면 소유권은 그대로 미국에 둔 채 대여의 형식으로 일본에 반환이 이루어지는 경우에 대한 희망을 넌지시 드러내었다. 그와 같은 점들은 전쟁화를 둘러싼 당시의 제반조건에 대한 저널리스트 마쓰야마 유키오의 고려와 조심스러운 판단에서 나온 것으로 추측되지만, 후일의 상황전개를 예견한 것과 같은 측면이 있어 흥미롭다.

오카베 후유히코가 미국에서 보았다는 일본 전쟁화는 2년 후 관련 내용이 더해져 『주간아사히(週刊朝日)』에 실렸다. 1965년 8월 20일자 『주간아사히』는 종전 당시 도쿄도미술관 부관장이었던 하야카와 지헤이(早川治平)와의 인터뷰를 통해 미국 이송 당시의 사정을 전하고 일본의 반환요청에 대한 미국대사관 문화 담당자의 의견을 실었다.[19] 당시 미국대사관 문화 담당자는 미국의 반환의사가 있음을 밝히면서 두 가지를 문제 삼았다. 그 첫 번째는 전쟁화를 그린 화가들이 곤란을 겪지 않을까 하는 문제이고, 두 번째는 전쟁화를 둘러싸고 일본 정계의 보수진영과 진보진영 사이의 대립이 격화되지 않을까 하는 것으로, 가장 중요한 문제는 일본의 수용 태세라는 것을 지적했다. 이미 이 시점에서 미국 정부가 전쟁화의 반환을 고려하고 있었던 사실은 미국으로 이송할 당시 전리품이었던 전쟁화에 대한 보유가치나 명분이 현저하게 약화되었음을 의미한다. 이러한 변화는 종전 직후의 상황과는 달리 냉전구조의 강화 속에서 동맹국이 된 미일 양국의 관계 변화를 그대로 반영하는 것이다.

이후 일본에서 이루어진 전쟁화에 관한 논의나 반환과정을 고려하면 가장 중요한 인물이 포토저널리스트 나카가와 이치로(中川市郎)다. 1966년 12월 그가 라이트 패터슨의 공군기지에서 일본 전쟁화의 존재를 확인함으로써 또 한 번의 '발견'이 이루어졌다. 그 이듬해인 1967년에는 리치몬드의 국방성 특별 군수창고에서 50여 점의 전쟁화에 대한 사진 촬영을 마쳤다. 프레임을 제거한 채 둘둘 말려 있던 전쟁화를 그가 촬영하는 광경(그림 6-3 참조)은 전후 일본 전쟁화의 행방에서는 빼놓을 수 없는 한 장면이 되었지만, 당시 그는 촬영한 필름을 미국의 기지 보관 담당자에게 준다는 조건으

그림 6-3 | 나카가와 이치로의 전쟁화 촬영 장면

로 촬영을 허가받았다고 한다.[20] 그에 이어 일본의 방송사인 TBS도 일본에서의 방송을 위해 컬러도판의 제작을 허가받았다. 이후 그는 촬영과정에서의 경험과 자신이 확보한 정보를 십분 활용하여 전쟁화의 반환에 적극적으로 나섰다. 그가 촬영한 필름을 인화하여 도쿄 이케부쿠로(池袋)의 세이부(西武) 백화점에서 전람회를 개최함으로써 대중적인 관심을 불러일으킨 것도 그 활용 가운데 일부다. 또한 TV 출연을 통해 전쟁화 관련 정보를 널리 확산시켰고, 『태평양전쟁명화집(太平洋戰爭名畵集)』이라는 도록의 출판에도 관여했다. 당시 화가들과 유족들은 전쟁화의 실체가 일반대중에게 알려지는 것 자체를 반대하여 저작권을 주장함으로써 출판을 방해한 것으로 전해진다.[21] 소위 전쟁화의 봉인상태를 지속시키려는 시도가 이루어진 것이다.

일본 정부가 움직이기 시작한 것은, 나카가와에 의해 확인된 전쟁화에 관한 정보가 보도된 이후인 1967년의 일이다. 일본 정부는 그해 8월 비공식적으로 전쟁화의 반환에 관한 교섭을 시작했으나, 정식으로 허가될 것이 확실하지 않는 한 공식적으로 요구하고 싶지 않다는 의사를 소장처인 미국의 역사유산국에 전했다.[22] 다른 한편에서는 나카가와의 취재기사가 보도되고 전시회가 개최된 후 나카소네 야스히로(中曾根康弘), 아소 요시카타(麻生良方) 등이 중심이 된 일본 국회의 예술의원연맹 등이 관심을 갖게 되었고, 미국 정부에 대해서도 공식적으로 반환을 요구하게 되었다.

전쟁화의 반환에 관한 일본에서의 논의에서 가장 핵심적인 것은 전쟁화의 성격에 관한 것이다. 당시 일본 언론이나 소위 유력인사들이 전쟁화의 반환을 주장하며 내세운 논리는 두 가지로 압축된다. 첫 번째는 그것이 전쟁이라는 역사적 사실을 반영한다는 점을 강조한 것이다. 『일본경제신문(日本經濟新聞)』은 8월 17일 「문화왕래(文化往來)」라는 코너의 「전쟁화 반환 문제(戰爭畵返還問題)」라는 글에서, 전쟁은 엄연한 역사적 사실이고 전쟁화는 그 역사적 사실을 반영하는 근대미술의 한 장이며 전쟁화의 미국 이송으로 인해 생긴 그 역사적 단층을 메우기 위해 반환되어야 함을 강조했다.[23]

전쟁화가 가진 기록화의 성격을 인정하면서도 미묘한 차이를 보인 경우도 있다. 미술평론가 히지카타 데이이치(土方定一)는 『마이니치신문』에 실린 「기록화로서의 전쟁미술(記錄畵としての戰爭美術)」이라는 제목의 기고문에서 전쟁기 당시부터 전쟁화를 보아 온 자신의 견해를 밝혔다.[24] 그는 전쟁화가 기록화인 것은 사실이지만, 어떠한 사상적 기초 위에 서 있는지가 중요하다고 지적하며, "강제된 전쟁화를 통해 근대 일본미술은 인간=조형사고라는 데카당스에 빠졌다"고 주장하였다.

그림 6-4 | 후지타 쓰구하루 〈앗투섬 옥쇄〉, 1944년

또한 그는 보도사진의 존재를 들어 당시 일본사회가 전쟁화에 대해 갖고 있던 기록화라는 인식에 대해서도 완곡하게 이의를 제기했다. 일본의 경우 러일전쟁 당시만 해도 화보에 실린 석판화로 제작된 전쟁화가 기록화로 받아들여졌지만 보도사진과 인쇄의 일반화에 의해 신용을 받지 못하게 되고 보도사진이 그것을 대신하게 되었다는 것이다. 사실 그의 견해는 후지타 쓰구하루의 〈앗투섬 옥쇄〉(그림 6-4)에 드러나 있듯이 정확성에서는 보도사진에 뒤지고 속보성에서는 라디오에 뒤졌던 전쟁화의 성격이, 화가들의 회화적 상상력을 통하여 사실을 왜곡하고 전의를 고양시키기 위한 선전도구에 불과하였음을 에둘러 표현한 것이었다.

두 번째 논리는 전쟁화의 예술성을 부각시킨 것이다. 전쟁화를 둘러싼 전쟁기의 인식을 부분적으로 부활시켰다고 할 이 논리는 당시 발행된 일부 신문과 잡지에 노골적으로 드러나 있다. 가장 대표적인 예는 8월 20일자로 발행된 『주간요미우리(週刊讀賣)』에 실린 특집기사다. 「잃어버린 전쟁회화(失われた戰爭繪畵)」라는 제목의 이 특집은 나카가와 이치로가 촬영한 화보와 「명화로 남은 태평양전쟁사(名畵に殘る太平洋戰爭史)」라는 제목의 화가 좌담회, 그리고 다지카 겐조(田近憲三)의 글 「전시 정열을 건 역작(戰時情熱かけた力作)」으로 구성되었다.[25]

이 특집기사 편집자는 기획의도에서 전쟁화를 "귀중한 민족적 기록물"로 규정하고, 기사를 통해 미국에 있는 전쟁화가 하루 빨리 반환되는 계기가 되었으면 하는 바람을 피력함으로써 전쟁화에 대한 인식과 성격규정이 미화의 단계에 있음을 보여 주었다. 화가 좌담회에 참여한 화가들의 일부는 전시회 개최의 소문이 처음 돌 때만 해도 전람회에 반대한 것으로 알려졌으나 막상 전람회가 개최된 후 열린 좌담회에서는 전쟁화 제작 당시의 일을 회상하며 군부로 대표되는 국가권력의 강제에 순응한 자신들의 행적을 합리화했다. 그들로서는 전람회 저지라는 최선책은 아니었을지라도 차선책으로 대응했던 셈이다.

나카가와 이치로가 촬영한 전쟁화 필름이 일본에서 전시회로 공개됨으로써 고조된 여론은 도록의 발행으로 일단의 결실을 맺게 되었다. 그해 연말 『태평양전쟁명화집』이라는 제목으로 출판된 이 도록은, 당시 나카가와가 촬영한 전쟁화의 주요 작품들이 명화로 인식되고 기억되는 또 하나의 통로를 제공하였다.[26] 나카소네 야스히로, 이시하라 신타로(石原愼太郎) 등이 편집고문으로 참여한 이 도록은 태평양전쟁의 전개과정을 시간을 따라 재구성하는 형식을 취함으로써, 그 내용이 객관적임을 부각시키려 하였다.

도록의 중심을 이룬 것은 화가들의 회고담과 함께 전쟁화 감상의 기억, 그리고 후지타 쓰구하루, 미야모토 사부로, 고이소 료헤이, 나카무라 겐이치(中村研一) 등 종군화가들의 작품에 대한 해설(화가들이 쓴 해설이 아님) 등이었다. 그러나 전체 구성이나 글의 내용에는 전쟁화를 역사적 기록으로 규정지으려는 의도와 함께 "예술가의 활동을 전해주는 귀중한 자료이자 무한한 가치를 지닌 민족의 유산"으로 규정함으로써 미화하려는 의도 또한 분명히 드러났다.

같은 시기 『아사히신문』도 일본 정부가 정식으로 반환을 요청한 사실을 소개한 기사 「정식으로 반환을 신청(正式に返還を申し入れ)」에서 전쟁화를 '전쟁명화'로 규정하고 반환에 관한 기사를 보도했다.[27] 특히 반환신청을 언급한 대목에서 미국 정부 내에서의 움직임을 언급한 내용은 주목을 끈다. 일본에서 군국주의가 부활할 가능성이 전혀 없어졌으니 미국이 전쟁화를 보관할 이유가 없어졌다는 생각이 미국 정부 내에서도 강해져 미일친선의 차원에서 반환하는 쪽으로 기울었으며, 그와 같은 사정을 파악한 일본 정부가 전쟁화의 반환을 정식으로 요청했다는 것이다. 이후에도 『아사히신문』은 「전쟁 명화 반환이 결정(戰爭名畵 返還が本決まり)」이라는 제목의 기사에서 '전쟁명화', '역작' 등의 용어를 사용하며 '역사적 의의를 가진 작품'임을 강조했다.[28] 그 기사에 드러나 있듯이 전쟁화 반환과 관련하여 아사히신문사가 적극적이었던 이유 가운데 하나로 전쟁 당시 전람회를 주최했던 사실을 든 점도 주목을 끈다. 그와 같은 전쟁기의 연고관계가 전쟁화에 대한 미화나 반환에 관한 적극적인 자세에 그대로 반영되었던 셈이다.

이들 사례에 드러나 있듯이 전쟁기에 전쟁화가 수행한 프로파간다 매체로서의 기능은 언급되지 않았다. 오직 전쟁기의 사정을 드러낸 역사화, 명화임을 주장하며 미술품으로서의 성격을 부각시킴으로써 전쟁 당시 프로파간다 매체였던 사실을 은폐했던 것이다. 그 배경에는 냉전구조의 강화나 베트남전쟁의 격화 등이 요인으로 작용해 일본과의 동맹관계를 강화하려 한 미국의 동아시아전략이 작용했던 점도 주목해야 할 부분이다. 연합국에 의한 일본 점령이 1951년 9월 평화 조약의 체결로 종료되고, 전쟁화가 미국으로 이송된 지 10여 년이 지나는 동안 일본에 대한 미국 정부의 공식입장은 동맹국으로서 양국의 우호를 강조하는 것으로 바뀐 것이다. 그 결과 전쟁화의 반환문제도 미일친선의 차원에서 논하기에 이르렀고, 마침내는 라이트 패터슨 기지의 전쟁화 보관 담당자의 반대의견도 헛되이 반환이 결정되었다.

그러나 이와 같이 프로파간다 매체로서의 기능을 도외시하고 전쟁화가 가진 기록화로서의 성격이나 미술품으로서의 성격을 강조, 미화하는 여론의 흐름이 형성되어 가던 그 시기에, 사태의 추이를 비판적으로 지적한 예도 없지는 않았다. 디자인 잡지 『SD』는 익명의 기자가 「평가가 달라진 전쟁화 ?(評價が變わった戰爭畵 ?)」라는 물음표를 붙인 제목의 기사에서 상황의 변화에 대한 소회를 피력했다. 전시체제에 휘말린 화단의 실정을 여실히 보여 주는 전쟁화가 전리품으로 미국에 이송되었다가 반환된다는 소문이 있지만, 전쟁화를 명화로 다루는 예들을 보면 격세지감을 느낀다는 것이었다.[29] 기사에서는 그와 같은 의도를 특히 그해 8월 15일 종전기념일을 전후해 일었던 전기(戰記) 붐에 편승한 독자들의 홍미끌기로 규정하고 비판하였다.

미술평론가 하리우 이치로는 『미즈에(みづゑ)』 1967년 10월호에 기고한 글 「전쟁화 비판의 현재적 시점(戰爭畵批判の今日的視点)」에서 더욱 신랄한 어조로 비판했다. 미국에서 촬영한 전쟁화 사진으로 열린 전시회와 『주간요미우리』의 특집 기사, TBS의 프로그램 등을 전쟁기에 대한 노스탤지어의 산물로 규정하고 그것들에 의해 형성된 여론의 문제점에 대해 비판했

다. 그는 일본의 전쟁화가 한층 가혹한 파시즘체제였던 독일이나 이탈리아에도 없는 국가권력에 대한 무참한 굴복이자 자기방기로서 메이지시대 이후 일본미술에 존재했던 모순의 파국이라고 규정했다. 전쟁화의 미국 이송도 패전 후 전쟁화가 공개되는 것을 꺼린 전쟁협력 화가들이 시도한 '봉인'의 결과로 추정한 그는 미국으로부터 전쟁화를 반환받아 '일본역사의 부(負)의 기념비' 혹은 '일본 근대미술 치부의 상징'으로 전시할 것을 주장했다.[30]

같은 시기 하리우 이치로의 견해와 마찬가지로 전쟁화 반환 이후의 조치를 비중있게 다룬 다양한 의견이 제기되었다. 야스쿠니(靖國)신사에 보관해 300만 영령과 함께 잠들게 해야 한다는 의견과 하리우 이치로와는 또 다른 입장에서 새로운 전쟁박물관, 혹은 전쟁미술관을 만들어야 한다는 의견 등이 제기된 가운데 방위청 또한 돌출의견을 제기해 주목을 끌었다.[31] 당시 방위청은 전쟁화가 반환되면 자위대 소관으로 하고 새로 동시대 화가들에게 의뢰하여 국토방위의 사기고양을 위한 작품을 제작하려 했던 것이다.

일본 국내에서 전쟁화의 반환을 둘러싼 여러 논의가 이루어지던 1967년 9월에는 미국에서도 일본의 전쟁미술 컬렉션에 관한 제반 사실들이 요약된 문서가 작성되었고, 그 문서에는 주미 일본대사관이 반환요구를 준비하고 있다는 정보가 미국 측에 입수된 사정 등이 언급되었다.[32] 하지만 더 이상의 특기할 만한 내용을 담고 있지는 않았다. 그리고 이듬해인 1968년에는 미국 국무성 관료와 주미 일본대사관 관료 사이의 회합에서 중요한 사항들이 결정되었다. 그해 2월 23일 미국 국무성이 보낸 전신에는 일본이 두 가지 조건을 수용한다면 반환이 이루어질 것이라는 내용이 포함되어 있었다. 그 두 가지 조건이란 형식상 '무기한 대여(indefinite loan)'로 할 것과 반환장소를 워싱턴으로 하는 것이었다. '무기한 대여(indefinite loan)'에 대한 한자어 번역이 '영구대여'(永久貸與)로 된 점에는 두 단어 사이의 미묘한

뉘앙스와 일본 측의 국내 선전용 의도를 인정해야겠지만, 2년 후인 1970년 3월 31일에 교환문서가 조인되고 4월 9일에 도쿄국립근대미술관에 컬렉션이 도착하는 것으로 반환은 마무리되었다.

4. 반환 후의 전쟁화

아시아·태평양전쟁기 일본의 전쟁화가 종전 후에 거친 이력에서 가장 큰 비중을 차지하는 것은 미국으로의 이송과 일본으로의 반환이다. 그리고 거기에는 미일 양국의 관계변화가 민감하게 반영되어 있다. 바로 그 이유 때문에 전쟁화의 행방이 미일 관계를 알려 주는 하나의 지표라고 보아도 손색이 없을 정도다. 그리고 그 점은 일본 전쟁화의 종전 후 성격이 단순한 전리품, 혹은 미술품이 아니었다는 것을 의미한다.

전쟁화가 지니는 복잡한 성격은 반환 이후 이 전쟁화 컬렉션과 관련된 사건이나 현상에도 반영되었다. 일본에 반환된 직후부터 공개를 둘러싼 다양한 논의가 전개되었다. 소장기관인 도쿄국립근대미술관이 손상된 회화에 대한 수리를 이유로 들어 반환 후의 즉각적인 공개를 거부하고 공개시기를 무기한 연기했다. 손상된 회화의 수리가 일단락된 1977년에 이르러서야 일반 공개계획을 밝혔으나, 공개 예정일 전날 전시준비위원회가 돌연 '공개불가'를 공표함으로써 무산되기도 하였다. 당시 전시준비위원회가 밝힌 공개불가 이유는 동남아시아인들의 심기를 고려해야 한다는 것이었다. 이후 수 점씩 상설전시실에 공개하여 지금에 이르고 있지만, 2003년까지만 하여도 60%에 지나지 않던 공개율은 2012년 말 90%를 넘어섬으로써 근년에 들어 변화된 공개속도를 느끼게 하였다.

그런데 2006년 도쿄국립근대미술관에서 일본에서는 처음으로 열린 대표적 전쟁화가 후지타 쓰구하루의 회고전 입장객이 70만에 달한 사실이나 2009년에 열린 후지타 회고전이 전국을 순회하는 동안 수십만의 관람객이 전람회장을 찾은 사실은, 에콜 드 파리의 스타 화가 가운데 한 명이었던 후지타의 명성을 감안하더라도 전쟁화 컬렉션과 관련한 상황의 전개에 대해 예의 주시해야 할 필요성을 웅변하고 있다. 미국으로 이송될 당시 혹은 일본으로 반환될 당시와 비교했을 때 상황의 변화를 실감케 하였기 때문이다. 그것은 50여 년 동안 봉인상태나 다름없이 터부시하던 상황에 새로운 물꼬가 터진 형국이라고 표현할 수 있을 정도다. 일본사회의 보수우경화와 맞물린 이와 같은 현상은 미국으로 이송될 당시, 그리고 미국이 일본으로의 반환을 유보할 당시 우려했던 일 그대로는 아니라고 하더라도, 이전까지 일본에서 은폐하고 터부시하던 상황에 의해 증폭된 측면 또한 없지 않다. 또한 그 점은 전쟁화에 대한 주목과 논의에는 다각도의 진단이 필요함을 말해 준다.

이와 같은 현상과 함께 또 한 가지 유의해야 할 점은 전쟁화에 대한 의미부여나 성격규정이 완결되지 않은 현재 진행형이라는 점이다. 모든 예술작품이 역사적 소산인 이상 끊임없이 재해석, 재평가되는 것은 애초에 정해진 일이다. 사실 아시아·태평양전쟁기 일본의 전쟁화에 대한 해석이나 평가는 위에서 서술한 과정을 지나며 지금까지 미진한 연구가 진행되었을 뿐 본격적이고 심도 있는 연구가 이루어졌다고 보기 힘들다. 그것에 관한 연구에서도 침략전쟁을 미화하고 합리화하려는 시각에서 해석되고 평가될 가능성까지 잠재되어 있다. 전쟁기의 중요한 프로파간다 매체였던 전쟁화를 주시하고 적극적으로 논의해야 할 이유가 여기에 있다.

| 주 |

1장 중일전쟁기 일본의 전쟁화

1_田中日佐夫, 앞의 책, pp. 108-181.

2_丹尾安典·河田明久, 앞의 책, pp. 64-68.

3_오히려 병사의 정면 묘사 등의 전쟁화의 상대적 부재는 오히려 테크놀로지의 진보 속에서 진행된 전쟁을 묘사할 기술의 부족에서 고찰할 수 있다. 이와 관련하여, 중일전쟁 당시 미술평론가와 전쟁화를 시도한 화가가 전투장면을 그리는 것이 용이하지 않았음을 언급한 기록도 주목해야 할 자료다. 1939년 2월 미술평론가 하야시 다쓰로(林達郎)는 기술의 진보로 사진이나 실사영화를 통해 풍부한 전쟁 장면을 볼 수 있는 시대인 만큼 보통의 그림으로는 스피드도 없고, 평판과 같아서 실감이 없다는 점을 지적하였고, 같은 해에 종군을 경험한 서양화가 나카가와 기겐(中川紀元)은 근대전은 그림으로 그리기에는 적합하지 않다고 밝힌 바 있다.

4_兒島薫, 「近代日本における官展の役割とその主な作品の分析」, 『美術史論壇』 13(2001), pp. 41-63.

5_『日滿聯合美術展覽會日本畵圖錄』(東京: 東方繪畵協會, 1935)에 正木直彦가 쓴 「序文」 및 1934년 10월 27일자로 滿洲國美術同人院이 일본의 동방회화협회에 보낸 서신(일본 외무성사료관 소장), 그리고 『盛京時報』 1934. 9. 28 참조.

6_『東京日日新聞』 1935. 5. 29.

7_森仁史, 「廣告から宣傳へ―グラフィック·デザインの轉機」, 『昭和の美術 1945年まで-〈目的美術〉の軌跡』展圖錄(新潟縣美術館, 2005), pp. 165-168.

8_「非常時と美術家の行く道(1)-(8)」, 『讀賣新聞』 1938. 8. 6, 8. 10-8. 13, 8. 18-8. 20 및 鈴木庫三 外, 「國防國家と美術」, 『みづゑ』 1941. 1(針生一郎 外편, 『戰爭と美術 1937~1945』(國書刊行會, 2007), pp. 244-251에서 재인용).

9_荒城季夫, 「戰爭畵の問題」, 『朝日新聞』 1939. 4. 22 및 鈴木庫三 外, 앞의 글(針生一郎 外편, 『戰爭と美術 1937~1945』(國書刊行會, 2007), pp. 244-251에서 재인용).

10_小早川篤四郎 外, 「從軍畵家對談」, 『アトリヱ』 14권 3호(1938. 3), pp. 33-35.

11_鶴田吾郎, 『半世紀の素描』(中央公論美術出版, 1972), pp. 132-134.

12_瀧悌三, 「二科70年史 物語編」, 『二科70年史 1914-1943』(二科會, 1984), pp. 195-199; 等々力巳吉, 「戰線を行く」, 『アトリヱ』 15권 1호(1938. 1), pp. 35-38.

13_鶴田吾郎, 앞의 책, pp. 134-135.

14_荒城季夫, 「戰爭畵の問題」(1), 『朝日新聞』 1939. 4. 20.

15_藤島武二, 「序」, 『聖戰美術展覽會圖錄』(陸軍美術協會, 1939), 페이지 없음.

16_「勇壯豪華·聖戰美術展」, 『河北新聞』 1940. 9. 24 및 「呑みきれぬ入場者」, 『河北新聞』 1940. 9. 27, 「聖戰美術展覽會開會劈頭から一般や團體が殺到」, 『九州日日新聞』 1940. 11. 15, 『滿州國現勢』(滿州國通信社, 1940), p. 508.

17_美術硏究所 編, 『美術年鑑』(1942), p. 77.

18_張憚伯 著, 嵇鈞生 編注, 『鎭江淪陷記』(人民出版社, 1999), pp. 30-31(神戶輝夫, 「鎭江における日本軍の暴行」, 『大分大學敎育福祉科學部硏究紀要』 23-2, p. 194에서 재인용)

19_高澤圭一가 밝힌 작가 소감. 『聖戰美術展覽會圖錄』(陸軍美術協會, 1939), 페이지 없음.

20_井上久士 編, 『華中宣撫工作資料』 十五年戰爭極秘資料 13(不二出版, 1989) 및 張憚伯 著, 嵇鈞生 編注, 『鎭江淪陷記』(人民出版社, 1999).

21_田中穣, 『一水會五十年史』(中央公論美術出版, 1988), pp. 37-41.

22_井上久士 編, 『華中宣撫工作資料』 十五年戰爭極秘資料 13(不二出版, 1989), pp. 231-245.

23_張憚伯 著, 嵇鈞生 編注, pp. 43-44(神戶輝夫, 앞의 글, p. 22에서 재인용).

24_小會保一郞가 밝힌 작가 소감. 『聖戰美術展覽會圖錄』(陸軍美術協會, 1939), 페이지 없음.

25_石川興二, 「非常時局下に於ける日支の態勢」, 『經濟論叢』 50권 5호(1940. 5), pp. 42-45.

26_梅原龍三郞, 「北京印象」, 『塔影』 15권 11호(1939. 11), pp. 25-27.

2장 "싸우는 미술(戰ふ美術)": 아시아·태평양전쟁기 일본의 미술은 어떻게 싸웠는가

1_井上司朗, 「皇國美術確立の道」, 『美術』, 1944. 3–4, p. 7.

2_菊畑茂久馬, 『菊畑茂久馬著作集 1』(海鳥社, 1993), pp. 45–46.

3_丹尾安典·河田明久, 『イメージのなかの戰爭』(岩波書店, 1996), p. 57.

4_小澤節子, 「美術に見る戰爭責任」, 『音樂·美術の戰爭責任』(樹花舍, 1995), pp.30–31.

5_平瀨禮太, 「'陸軍'と'美術'一陸軍美術協會の活動と地方展開」, 『軍事史學』 44(1)(2008. 6), pp. 4–28.

6_金子牧, 「官展改革の夢」, 『近代畵說』 16號(2007. 12).

7_1940년 12월 국제문화진흥회는 외무성에서 내각정보국 제3부 제3과 대외문화사업으로 관할 부서가 이전되었다. 1943년 6월에는 거꾸로 베트남의 미술을 일본에 소개하는 '불인현대미술전'이 열리고 베트남 화가 세 명이 초대되었다. 이 미술전은 도쿄에서 시작하여 오사카, 고베, 교토, 후쿠오카를 순회하였다. 桑原規子, 「國際文化振興會主催'佛印巡回現代日本畵展覽會'にみる戰時期文化工作一藤田嗣治を'美術使節'として」 『聖德大學言語文化硏究所論叢』 15號(2008).

8_一氏義良, 『美術の現實を語る』(總合美術硏究所, 1937), p. 3.

9_平瀨禮太, 앞의 글(2008. 6), p.28.

10_菊畑茂久馬, 앞의 책(1993), p. 6.

11_柳亮, 「'便乘'と'舊體制'」, 『造形藝術』 3巻 1號(1941), pp. 21–24.

12_小林俊介, 「美術會'革新'の理想と現實」, 『美術批評家著作選集』 第11卷(ゆまに書房, 2011), p. 692.

13_柳宗悅, 「新體制と工藝美の問題」, 『月刊民藝』 2巻 10號(1940), pp. 29–44.

14_大坪重周, 「工藝家よ整列せよ前進だ」, 『工藝評論』 2巻 8號(1940), pp. 14–16.

15_奏泉寺正一, 「美育界新體制の叫び」, 『美育』 16巻 10號(1940), pp. 10–12.

16_横山大觀, 「日本美術新體制への提案」, 『美之國』 17巻 2號(1941), pp. 20–23.

17_座談會, 「國防國家と美術ー畵家は何をなすべきか」, 『みづゑ』 434號(1941).

18_丹尾安典, 河田明久, 앞의 책(1996), pp. 70–71.

19_座談會, 앞의 글(1941).

20_迫內祐司, 「戰時下における美術制作資材統制團體について」, 『近代畵說』 13號(2004), pp. 104–127.

21_福澤一郎, 「戰爭畵の矛盾」, 『新美術』 7月(1942), pp. 13–14.

22_4명의 화가는 미츠하시 이토지(三橋兄弟治), 도이 도시오(土井俊夫), 이시모토 히데오(石本秀雄), 시미즈 도시(清水登之) 등이다. 平瀨禮太, 「四つの架橋」, 『歷史公論』(2006. 3), pp. 84–96.

23_〈학도출진〉은 조선의 경성에서 열리는 전람회에 출품될 예정으로 창고에 보관되다가 패전을 맞아 미국에 압수되었다. 1970년 반환된 이 작품을 보고 작가인 스즈키 미츠루는 자신의 작품이 아니라고 밝혔다. 가와타 아키히사는 화가가 재제작을 인정하기 싫어서 자신의 작품이 아니라고 주장하고 있다고 추론한다. 河田明久, 「戰時期美術作品の複數製作について」, 『近代畵說』 15號(2006. 12), pp.48–61. 그보다는 전람회 수요를 충족시키기 위하여 누군가에 의하여 비밀리에 모사되었다고도 볼 수 있지 않을까.

24_遠山孝, 「決戰と美術家の覺悟」, 『美術』(1944. 1), p. 6.

25_加藤顯清, 「美の尊嚴に生きよ」, 『生活美術』(1942. 2), pp. 6–7.

26_桑原規子, 「國際文化事業から對外文化工作へ」, 『'帝國'と美術』(國書刊行會, 2010), p. 275.

27_谷口英理, 「'アジア復興 レオナルド・ダ・ヴィンチ展覽會'と戰時下の'レオナルド時代'」, 『近代畵說』 12號(2003), pp. 73–74.

28_谷口英理, 「花田清輝"復興期の精神"と戰時下における'ルネサンス'」, 『クラシックモダンー1930年代日本の藝術』(せりか書房, 2004), pp. 47–48.

29_井上司朗, 앞의 글(1944), pp. 4–5.

3장 일본 총력전 시기의 항공미술: "거짓말의 진실"을 통한 영원성의 재현

1_小山榮三, 『戰時宣傳論』(東京: 三省堂, 1942), PP. 66-67.

2_위의 책, p. 42, 47, 58.

3_Cecil Whiting, *Antifascism in American Art* (New Haven: Yale University Press, 1989).

4_田中日佐夫, 『日本の戰爭畵: その系譜と特質』(東京: ぺりかん社, 1985), 제1장 참조.

5_土方定一, 『日本の近代美術』(東京: 岩波文庫, 2010), 제1장.

6_水澤勉, 「總論」, 水澤勉 編, 『日本の近代美術: 不安と戰爭の時代』(東京: 大月書店, 1992).

7_河田明久, 「「作戰記錄畵」小史, 1937~1945」, 針生一郎 編, 『戰爭と美術, 1937~1945』(東京: 國書刊行會, 2007), p. 153.

8_秋山邦雄, 「國防國家と美術: 畵家は何をなすべきか」, 『みつゑ』 434號(1941년 1월) 재수록, 針生一郎 編, 『戰爭と美術, 1937~1945』, p. 245.

9_田中日佐夫, 『日本の戰爭畵: その系譜と特質』, p. 150 재인용.

10_高階秀爾, 「東西戰爭畵の系譜」, 高階秀爾, 淺野徹 編, 『日本美術全集 23: 近代の美術 3 - モダニズムと傳統』(東京: 講談社, 1993), p. 172.

11_藤田嗣治, 「戰爭畵に就いて」, 『新美術』(1943년 2월), p. 2.

12_保志增子, 「彩管報國と戰爭美術展覽會: 戰爭と美術 3」, 『日本大學大學院總合社會情報硏究科紀要』, No. 7(2006).

13_河田明久, 「戰爭畵とは何か」, 『藝術新潮』, Vol. 46, No. 8(1995년 8월), pp. 80-82; 山野英嗣, 「ジャーナリズムと美術: 戰前の關西における美術界の一動向」, 津金澤聰廣 編, 『近代日本メディアイベント』(東京: 同文舘, 1996).

14_福澤一郎, 「戰爭畵の矛盾」, 『新美術』(1942, 7), p. 13.

15_柳亮, 「戰爭美術の浪漫性と寫實性: 大東亞戰爭美術展評」, 『新美術』(1943년 2월), p. 5.

16_위의 글, p. 6.

17_植村鷹千代, 「大東亞戰爭と日本美術」, 『新美術』(1942, 12), p. 5.

18_柳亮, 「大東亞戰爭美術展評」, 『新美術』(1944년 2월), p. 26.

19_위의 글, pp. 26-27.

20_Richard Overy, "Air Warfare," Charles Townshend, *The Oxford History of Modern War* (Oxford: Oxford University Press, 2005).

21_Michael S. Sherry, *The Rise of American Air Power: The Creation of Armageddon* (New Haven: Yale University Press, 1987).

22_藤田嗣治, 「空の壯大感」, 『みつゑ』 478號(1944년 9월), p. 29.

23_大日本航空美術協會, 『航空美術』(東京: 日本報道工藝社, 1942), p. 2.

24_保志增子, 「彩管報國と戰爭美術展覽會: 戰爭と美術 3」, 『日本大學大學院總合社會情報硏究科紀要』, No. 7(2006), pp. 517-518.

25_「大東亞戰爭美術展評」, 『美術』, No. 2(1944년 2월) 재인용, 針生一郎 編, 『戰爭と美術, 1937~1945』(東京: 國書刊行會, 2007), p. 218.

26_柳亮, 「戰爭美術の浪漫性と寫實性: 大東亞戰爭美術展評」, p. 6, 13.

27_針生一郎 編, 『戰爭と美術, 1937~1945』, p. 207.

28_藏屋美香, 「戰時下のヨーロッパ美術硏究」, 針生一郎 編, 『戰爭と美術, 1937~1945』(東京: 國書刊行會, 2007), p. 170.

29_植村鷹千代, 「大東亞戰爭と日本美術」, p. 5.

30_柳亮, 「戰爭美術の浪漫性と寫實性: 大東亞戰爭美術展評」, p. 12.

31_高階秀爾, 「東西戰爭畵の系譜」, p. 171.

32_針生一郎 編, 『戰爭と美術, 1937~1945』, p. 219.

33_針生一郎 編, 『戰爭と美術, 1937~1945』, p. 209.

34_中村硏一, 「飛行機を描く」, 『みつゑ』 478號(1944년 9월), p. 30.

35_George H. Roeder, Jr. *The Censored War: American Visual Experience during World War Two* (New Haven: Yale University Press, 1993), pp. 14-15.

36_中山巍 재인용, 保志增子, 「彩管報國と戰爭記錄畵: 戰爭と美術 2」, 『日本大學大學院總合社會情報硏究科紀要』, No. 7(2006), p. 269.

37_Eric Michaud, *The Cult of Art in Nazi Germany* (Stanford: Stanford University, 2004), p. 95.

38_河田明久, 「戰爭畵とは何か」, p. 83.

39_河田明久, 「戰爭美術とその時代, 1931~1977」, 神阪次郎 外 編, 『畵家たちの「戰爭」』, p. 102.

40_Roland Barthes, *Camera Lucida* (London: Vintage, 1993), p. 87.

41_Eric Michaud, *The Cult of Art in Nazi Germany*, p. 70 & p. 72.

4장 전쟁화를 그린 여성화가: 하세가와 하루코(長谷川春子)와 여류미술가봉공대(女流美術家奉公隊)

1_전쟁화에 관한 주된 연구는 菊畑茂久馬, 『天皇の美術 - 近代思想と戰爭畵』(フィルムアート社, 1978) 및 『フジタよ眠れ - 繪描きと戰爭』(葦書房, 1978); 田中日佐夫, 『日本の戰爭畵 - その系譜と特質』(ぺりかん社, 1985); 小澤節子, 『アヴァンギャルドの戰爭體驗 - 松本竣介, 瀧口修造そして畵學生たち』(靑木書店, 1994); 丹尾安典·河田明久, 『イメージのなかの戰爭 - 日淸·日露から冷戰まで』(岩波書店, 1996) 등이 있고 전쟁화 연구의 집대성으로서 針生一郎 외編, 『戰爭と美術 - 1937~1945』(圖書刊行會, 2007)이 있다.

2_한편 전국의 지자체가 설치한 평화뮤지움에 대해 자민당 강경파와 우익으로부터의 집요한 공격이 시작된 것도 그 무렵부터다. 특히 남경학살 사건이나 일본군 위안부 문제 등, 일본의 가해를 다룬 전시가 공격의 대상이 되어 현재까지도 이어지고 있다. 1990년대 중반부터 후

반에 걸쳐서는 일본의 공립미술관에서 숙련된 여성 큐레이터에 의해 젠더 시점을 명확히 한 전람회가 연달아 개최되었지만, 그것들을 '자학사관'에 바탕을 둔 미국으로부터의 대출품이라고 야유하는 비평가·연구자가 등장하여 양자 사이에 논쟁이 일어난 것도 이 시기였다.

3_이 잡지의 표지는 그 후에도 제국미술원전람회에서 여성 최초의 특선을 수상하고 무감사 대우를 받은 아리마 사토에(有馬さとえ)나, 10대에 구미를 순방하고 그림을 공부하는 기회를 얻은 요시다 후지(吉田ふじ), 일본 최초의 여성 서양화 연구단체 '朱葉會'의 설립에 참가하였고 여성을 위한 화숙(赤艸社)을 설립한 가메타카 후미코(龜高文子) 등이 창간 당시의 표지를 연달아 담당했다.

4_長谷川春子, 『滿洲國(まんちうくう)』(三笠書房, 1935), pp. 127-128.

5_長谷川春子, 『滿洲國(まんちうくう)』(三笠書房, 1935). 이 책은 전부 3장으로 되어 있고 第一章 「滿洲國現在」에서 만주국 건국 직후의 동란기 중국 동북부의 상황을, 第二章 「風物点描」에서 도쿄 여행지의 풍물을, 第三章 「ひとり旅三年」에서 파리 등 유럽 체류 생활이나 귀국길의 시베리아 횡단 경험을 서술했다.

6_長谷川春子, 「七彩會のこと」, 『戯畵漫談』(昭森社, 1937), p. 198.

7_물론 여성미술가 그룹의 결성은 하루코만 한 것은 아니다. 1918년 결성된 주엽회를 효시로 하여 부인양화협회(婦人洋畵協會, 1925년), 부인미술협회(婦人美術協會, 1933년), 여초회(女艸會, 1934년) 등 여성화가 단체가 속속 결성되었다. 1930년대 전반에서 중반에 걸쳐서는 많은 여성이 화필을 잡기 시작하여 회화의 대중화가 진행된 시대였다. 또 사립 미술학교나 화학교, 화숙 등이 연달아 설립되어 종래 엘리트 미술가를 양성하던 도쿄미술학교와는 다른 교육을 지향했다. 이들 재야의 미술 교육기관에서 배운 다양한 미술가들에 의한 전위 예술운동의 확산도 이 시기에 이루어졌다.

8_「我らも"彩管報國"へ—陸軍の從軍畵家が大同團結」『讀賣新聞』 1938. 4. 26. 조간 7면.

9_미술가들과 군부가 접근하여 대일본 종군화가협회를 결성한 1938년은 문학계에서도 같은 움직임이 일어난 시기다. 히노 아헤이(火野葦平)의 『보리와 병사(麥と兵隊)』가 대중적 인기를 얻은 가운데, 내각정보부가 문학자를 초빙하여 무한(武漢) 공략전의 전선 시찰을 권장하고, 작가들은 '펜부대'라는 이름의 부대에 소속되어 종군했다. 그리고 이러한 일련의 종군에서 하야시 후미코(林芙美子)의 『전선(戰線)』, 『북안부대(北岸部隊)』나 탄바 후미오(丹羽文雄)의 『돌아오지 않는 중대(還らぬ中隊)』, 사토 하루오(佐藤春夫)의 『전선시집(戰線詩集)』 등의 문학작품이 생겨났다. 특히 남경 공략에 마이니치신문사 특파원으로서 현지에 간 하루코는 1938년 무한(武漢) 작전에서 '1등 도착'으로 한구(漢口)에 들어간 인기 여성 작가 하야시 후미코를 강하게 의식하고 있었던 듯하다.

10_南支派遣軍報道部 編, 『南支派遣軍』(非賣品) 1940. 3.

11_하이쿠(俳句)·와카(和歌)·시(詩)·속요(俗謠)·소설(小說)·에세이·현지 리포트·좌담회·삽화 등이 게재되었고 히노 아헤이가 초대 편집장을 담당했다. 전부 39호의 표지화 작가에는 후지타 쓰구하루(藤田嗣治)나 미야모토 사부로(宮本三郎) 등 유명 전쟁 화가의 이름도 보이지

만, 여성은 하루코 한 명이었다. 후일 하루코는 중국 광동에 도착하여 남지파견군 보도부를 방문했을 때 『병사』를 막 창간했을 때의 히노 이헤이로부터 그림을 그리고 글을 쓰도록 부탁을 받았다고 그 잡지에서 회상하고 있다.

12_조선 거주 여류미술가봉공대 청년대원은 齋藤雪枝. 경주 총독부 관사가 주소로 되어 있는 점으로 보아 총독부 관리의 딸이라고 생각된다.

13_〈싸우는 소년병(戰ふ少年兵)〉, 〈승리의 소년병(勝利の少年兵)〉 전시회는 마이니치신문 외에 平瀨禮太, 「'陸軍'と'美術' - 陸軍美術協會の活動と地方展開」, 『軍事史學』 44권 1호(2008)을 참조. 다른 전쟁미술전람회도 마찬가지지만, 전시 하에서도 이 정도의 회화와 사람들의 이동이 있었다는 점은 주목할 만하다.

14_「戰ふ少年兵美術展覽會」, 『毎日新聞』(東京) 1943. 9. 24. 조간.

15_吉良智子, 「"女流美術家奉公隊"と≪大東亞戰皇國婦女皆働之圖≫について」, 『美術史』 第153册(2002. 10).

16_『北支蒙彊戰線』, p. 119 및 鎌田文也, 『中共の万年筆』(至藝出版社, 1981), p. 96.

17_제1회 聖戰美術展은 第一部·戰線, 第二部·白衣의 勇士, 第三部·占據地, 第四部·銃後, 第五部·스케치集의 5부문으로 구성되어 있다.

18_「展覽會二つ: 女流美術家協會展」, 『讀賣新聞』 1945. 12. 10. 조간 4면.

19_前田しほ, 「ロシア文學と戰爭の記憶についての一考察 - 女性兵士の記憶の語りをめぐって」, 『戰爭と異世界』(稚內北星學園大學, 2011), p. 15.

20_Kathleen Palmer, "Introduction", *Women War Artists*, Tate Publishing: UK, 2011.

5장 전쟁과 일본 조각 1937~1945

1_田中修二, 「近代日本彫刻と第一世界大戰」, 東京文化財研究所 編, 『大正期美術展覽會の研究』(中央公論美術出版, 2005).

2_高村光太郎, 『高村光太郎全集』 7卷(筑摩書房, 1995).

3_『衣·食·住』(1942. 1), 『民族の美』(1942. 4), 『美の成果』(1942. 12), 『航南鎖話』(1943. 5).

4_羽仁五郎, 『ミケランジエロ』(岩波書店, 1939). 高村光太郎, 「羽仁五郎氏 著, 『ミケランジエロ』」, 『帝國大學新聞』 1939. 10. 30. 『高村光太郎全集』 19卷(筑摩書房, 1996)에서 그 저작을 높게 평가하고, 그것에 촉발되었다고 생각되는 시 「장마철 밤늦게」(『中央公論』 54권 제7호, 1939. 7), 『高村光太郎全集』 19卷(筑摩書房, 1994)도 남겼다. 단, 전자에서는 "나체는 평등하다는 관념을 의미하기보다도 역시 그리스에서 시작된 보편의 미를 욕심내는 데서 왔다고 말하고 싶다"고 지적하고, 사회적 시점으로부터 거리를 두며, 오히려 그 시에서 볼 수 있는 바와 같이 예술가 개인의 내면에 관심을 두게 된다.

5_堀井甚一郎,「觀光都市としての奈良」,『奈良叢記』(駸々堂書店, 1942).

6_예를 들면 武笠朗 씨는「平等院鳳凰堂阿弥陀如來像の近代」,『講座日本美術史6 美術を支えるもの』(東京大學出版會, 2005)에서 그 간행에 대해서「戰時中, あるいは戰後の復興のための國民意識·民族意識の高揚の意圖が明らかである」라는 福山敏男·森暢 編,『平等院圖鑑』(桑名文星堂, 1944, 高桐書院, 1947)에서「藤原時代の精華を示す代表的作品」으로서의 조초(定朝)작의 봉황당 아미타여래상의 평가가 확정되었다고 지적했다.

7_會津八一,「この書を"創元選書"に加ふるに當りて」,『歌集鹿鳴集』(創元社, 1944).

8_青木茂,「大川逞一さんの思い出」, 吉田千鶴子 責任編集,『木心彫舍大川逞一回想』(三好企畫, 2006) 및 和辻哲郎,「改版序」,『古寺巡禮(改訂版)』(岩波書店, 1947).

9_「'戰前の文獻にもとづく作品台帳作成と所在調査(全國調査)'報告」,『屋外彫刻調査保存研究會會報』3號(2004). 平瀨禮太,「戰爭と美術コレクション─そこにあってはならないもの」(앞의 책『講座日本美術史6』) 참조.

10_「美術界彙報」,『日本美術年鑑 昭和14年版』(美術研究所, 1940) 및『日本彫刻會史─五十年の歩み』(日本彫刻會, 2000).

6장 에필로그: 아시아·태평양전쟁기 일본 전쟁화의 전후 행방

1_田中日佐夫,『日本戰爭畵』(美術出版社, 1985); 河田明久,「十五年戰爭と'大構圖'の成立」,『美術史』137(1995), pp. 248-251; 丹尾安典·河田明久,『イメージのなかの戰爭』(岩波書店, 1996); 針生一郎 外,『戰爭と美術 1937~1945』(國書刊行會, 2009).

2_"Request for Japanese Artists"(GHQ 통신연락문서 AG(C)00089), 河田明久,「それらをどうすればよいのか 米國公文書にみる'戰爭記錄畵'接收の經緯」,『近代畵說』8(1999), p. 17 자료 3에서 재인용.

3_해방 후 한국에서 이루어진 일본 전쟁화의 수집에 관해서는 河田明久,「'戰爭記錄畵'に關する三つのリスト」,『鹿島美術硏究年報 第15號』別册(1998), pp. 410-428.

4_GHQ 통신연락문서 AG(C)00090, 河田明久, 주 81의 글, p. 18 자료 4에서 재인용.

5_후지타의 전쟁화에 관해서는 김용철,「후지타 쓰구하루의 전쟁화」,『한국근대미술사학』15집 특집호(2005), pp. 67-87; 林洋子,『藤田嗣治作品をひらく』(名古屋大學出版會, 2008), pp. 349-448.

6_針生一郎,「われらの內なる戰爭畵」,『美術手帖』424(1977. 9), p. 48.

7_"Japanese War Art"(GHQ/SCAP문서 CIE(C)06719), 平瀨禮太,「第1章戰爭畵とアメリカ」,『姬路市立美術館硏究紀要』3(1999), pp. 6-7에서 재인용.

8_平瀨禮太, 주 86의 글, pp. 20-21; 平瀨禮太,「戰爭畵とアメリカ」補遺」,『姬路市立美術館硏究紀

要』 5(2001), pp. 31-40.

9_平瀨禮太, 주 86의 글, p. 21; "Memorandum"(GHQ/SCAP문서 CIE(C)06719), 平瀨禮太, 주 86의 글, p. 11에서 재인용.

10_宮田重雄, 「美術家の節操」, 『朝日新聞』 1945. 10. 14.; 中村義一, 『續近代日本美術論爭史』(九龍堂, 1983), pp. 243-271.

11_平瀨禮太, 주 86의 글, pp. 25-26.

12_平瀨禮太, 주 86의 글, pp. 26-27.

13_平瀨禮太, 주 86의 글, pp. 30-32.

14_船戶洪吉, 『畵壇』(美術出版社, 1957), pp. 112-113. 미술평론가 針生一郞는 益田義信가 GHQ와의 접촉을 통해 전쟁화가 일반에 공개되지 못하도록 봉인한 것은 전쟁화 제작의 경력을 갖고 일본미술가연맹 간부가 된 宮田重雄 등의 의도가 개입되었을 가능성을 제기하였다. 針生一郞, 「われらの內なる戰爭畵」, 『美術手帖』 424(1977. 9), pp. 48-49.

15_針生一郞, 주 85의 글, pp. 48-49.

16_Historical Service Division, "Japanese War Art", 平瀨禮太, 주 86의 글, p. 17에서 재인용.

17_岡部冬彦, 「幻の戰爭繪畵」, 『美術手帖』 256(1963. 6), pp. 79-80.

18_Hutchins, James, "Report of Interview Concerning Japanese Art War"(平瀨禮太, 주 87의 글, pp. 14-15에서 재인용).

19_岡部冬彦 外, 「發見された〈山本元帥〉」, 『週刊朝日』(1965. 8. 20), pp. 12-18.

20_中川一郞, 「こうして撮影に成功した」, 『週刊讀賣』(1968. 8. 18), p. 11.

21_針生一郞, 「戰爭畵批判の今日的視点」, 『みづゑ』 753(1967. 10), pp. 66-68.

22_中川一郞, 「戰爭畵雜錄」, 『太平洋戰爭名畵集』(ノーベル書房, 1967), pp. 176-177.

23_「戰爭畵返還問題」, 『日本經濟新聞』 1967. 8. 17.

24_土方定一, 「記錄畵としての戰爭美術」, 『每日新聞』 1967. 8. 23. 夕刊.

25_「失われた戰爭繪畵」, 『週刊讀賣』 1967. 8. 18, pp. 3-24.

26_『太平洋戰爭名畵集』(ノーベル書房, 1967).

27_「正式に返還を申し入れ」, 『朝日新聞』 1967. 9. 7.

28_「戰爭名畵 返還が本決まり」, 『朝日新聞』 1968. 9. 13.

29_「評價が變わった戰爭畵？」, 『SD』(1967. 9), pp. 6-7.

30_針生一郞, 주 100의 글, pp. 66-68.

31_『每日新聞』 1967. 8. 23. 夕刊.

32_Historical Service Division, "Japanese War Art", 平瀨禮太, 주 87의 글, pp. 15-18쪽에서 재인용.

Fighting a Total War

Japanese Art in the Asia-Pacific War, 1937~1945

This book introduces and analyzes the Japanese art developed during the Asia-Pacific War. Known as the "dark valley" of modern Japanese art, the wartime art has been largely forgotten in and out of Japan. Yet, the Japanese wartime art has gained renewed interests since the 1990s. Collaborating with Japanese art historians, Korean specialists of Japanese arts and representations have researched paintings, sculptures, artists, and art discourses appeared between 1937 and 1945. In analyzing the historical role of wartime arts, the book also sheds light on the relationship between state and individual as well as between society and gender. Critically appropriating the recent research achievements on Japanese wartime arts in the Japanese and English academia, this book highlights the art's efficacy as a medium of propaganda in time of extreme violence.

| 초출 일람 |

1장

김용철(金容澈), 「중일전쟁기 일본의 전쟁화」, 『일본역사연구』 32집(일본사학회, 2010).

2장

강태웅(姜泰雄), 「'싸우는 미술(戰ふ美術)'」, 『일본학보』 99집(2014).

3장

한정선(韓程善), 「일본 총력전 시기의 항공비술: "거짓말의 진실"을 통한 영원성의 재현」, 『일본학보』 99집(2014).

4장

기타하라 메구미(北原惠), 「戰爭下の美術家・長谷川春子―《ハノイ風景》(一九三九年)の繪を中心に」, 『アジアの女性身體はいかに描かれたか: 視覺表象と戰爭の記憶』(日本學叢書 4), 青弓社(2013).

5장

다나카 슈지(田中修二), 「戰爭と日本の彫刻 1937~1945」, 『戰爭と美術』(國書刊行會, 2007).

6장

김용철(金容澈), 「아시아・태평양전쟁기 일본 전쟁화의 전후 행방」, 『일본비평』 9호(서울대학교 일본연구소, 2013).

ARI Monograph Series 23

Fighting a Total War

Japanese Art in the Asia-Pacific War, 1937~1945

First Published 2015
by The Asiatic Research Institute at Korea University
145 Anam-ro, Seongbuk-gu, Seoul 136-701, Korea
www.asiaticresearch.org

아연동북아총서 23

싸우는 미술

아시아·태평양전쟁과 일본미술

1판1쇄 | 2015년 10월 5일

지은이 | 강태웅·김용철·한정선 편저
펴낸이 | 이종화
펴낸 곳 | 아연출판부
등록 | 2000년 5월 24일 제6-376호
주소 | 서울시 성북구 안암로 145 고려대학교 아세아문제연구소(136-701)
전화 | 02-3290-1600 팩스 | 02-923-4661
홈페이지 | www.asiaticresearch.org

값 10,000원

ISBN 978-89-90769-83-1 94300
ISBN 978-89-90769-29-9 (세트)

이 도서의 국립중앙도서관 출판시도서목록(CIP)은 e-CIP 홈페이지(http://www.nl.go.kr/ecip)에서
이용하실 수 있습니다(CIP제어번호: CIP2015025823).